Une sorcière en cuisine

Le lotus & l'éléphant

Une sorcière en cuisine

60 recettes au fil des saisons pour enchanter son quotidien

Alexandra MacCorvus

Le lotus & l'éléphant

Don An Morrigan, an té a chuidíonn liom gach rud a shárú.

Pour la Morrigan, celle qui m'aide à tout surmonter.

Cuisine magique, *Kitchen Witchery*, cuisine occulte ou rituelle…

Ce sont autant de façons de désigner une même pratique. Celle qui consiste à réunir dans un plat des ingrédients qui font sens, autour de la force d'une intention et de leurs propriétés magiques et ancestrales.

La magie est partout. Les plantes, les légumes, les épices, les céréales ont chacun leurs vertus et leurs pouvoirs. Lorsqu'on sait comment s'en servir, on peut enchanter son assiette pour faire de son repas quelque chose de magique.

La cuisine magique, c'est une façon de prendre soin de son foyer, des autres, mais c'est également une façon d'honorer des traditions, ou de faire des offrandes aux divinités. Célébrer les sabbats païens, c'est sacraliser son quotidien en y intégrant une part de magie et de traditions ancestrales.

La roue de l'année païenne est rythmée par les saisons. Il est logique de célébrer ces fêtes avec des produits qu'on trouve facilement autour de soi, le respect de la nature environnante étant un des points les plus importants de la pratique du paganisme. C'est aussi pourquoi les recettes que je partage avec vous ici sont toutes végétariennes.

Célébrer une des fêtes de la roue de l'année requiert également de connaître les symboles qui la représentent, ainsi que son histoire.

Dans ce livre, je vous propose d'être votre guide pour savoir quel ingrédient utiliser pour réconforter un ami triste, quel jour cuisiner pour vous donner du courage, quelle recette choisir en fonction des saisons, mais aussi comment dresser votre table en y insérant les symboles forts de chaque sabbat, ainsi que pleins d'autres petits secrets issus de mon propre grimoire.

Sommaire

Samhain

Yule

Imbolc

Ostara

Beltane

Litha

Lugnasad

Mabon

Thé et cuisine magique

Les arcanes
de votre grimoire

Un peu d'histoire

Les célébrations de la **roue de l'année** sous leur forme actuelle sont une invention plutôt récente. C'est au début des années 1960 que la roue de l'année est associée au néo-paganisme et à la Wicca.

La Wicca est une religion fondée au XXe siècle qui est issue de différentes croyances païennes et polythéistes. Axée autour du culte de la nature, du Dieu et de la Déesse, et de l'ésotérisme, elle est à l'origine de la roue de l'année telle qu'elle est connue et utilisée dans le néo-paganisme aujourd'hui.

Il n'existe pas de traces des noms actuels des sabbats païens avant cette période et ces noms ne sont pas considérés comme cohérents par de nombreux·ses païen·ne·s traditionnalistes, car ils sont issus de plusieurs folklores. On trouve en effet dans beaucoup de cultures celtes des célébrations, qui même si elles ne portaient pas le même nom, ou que ces noms ont été perdus dans les méandres de l'histoire, avaient la même intention que celles que nous célébrons aujourd'hui en suivant cette nouvelle roue de l'année.

La roue de l'année est ponctuée de huit célébrations, appelées « **sabbats mineurs** » et « **sabbats majeurs** ».

Les **sabbats mineurs** marquent le passage des saisons, les deux solstices et les deux équinoxes :

- **Yule** est la célébration du solstice d'hiver ;
- **Ostara** fête l'arrivée du printemps ;
- **Litha** célèbre le début de l'été ;
- **Mabon** représente l'équinoxe d'automne.

Les **sabbats majeurs**, eux, sont les fêtes celtes ancestrales qui célébraient des étapes cruciales de l'année :

- **Samhain** correspond à la fête d'Halloween aujourd'hui ;
- **Imbolc** se déroule au creux de l'hiver ;
- **Beltane** est une fête du feu.
- **Lugnasad** a lieu quand l'été est à apogée.

Même si on ne trouve aucune trace de célébrations concernant les équinoxes aux époques antérieures à la nôtre, le fait de célébrer ces huit moments de transition de l'année est une façon, aujourd'hui, de nous reconnecter au cycle naturel de la terre et des saisons.

Dans cette rubrique, présente dans chacun des chapitres qui leur sont consacrés, vous en apprendrez plus sur l'histoire de ces célébrations, leurs origines, et comment elles furent fêtées à travers le monde.

L'art de la table

Seul·e, en famille, entre ami·e ·s, les célébrations de la roue de l'année sont les occasions idéales de préparer un beau repas, plein de symboles et d'intentions.

Manger en conscience, c'est faire appel à ses cinq sens. Avant d'en arriver au goût, la vue est pour moi un élément primordial. J'aime manger du beau. Une assiette bien dressée, pleine de couleurs, me met en appétit immédiatement. Mais ce que j'aime par-dessus tout, c'est une table bien dressée. Une table accueillante, chaleureuse. Dresser la table pour les sabbats, c'est l'opportunité de recourir à des symboles, des objets en lien avec la nature de la célébration que l'on organise.

Dans cette partie, vous trouverez quelques idées pour rendre votre table conviviale, festive et symbolique.

Les recettes

De l'entrée au dessert, pour chacun des sabbats, je vous propose des recettes de saison, avec des ingrédients symboliques en lien avec ces célébrations.
En outre ; la cuisine, c'est un peu de la magie, et il me semblait aussi important de vous confier une liste de produits de saison pour vous permettre de vous adapter à vos envies et à vos goûts. Apportez une touche de la magie qui vous est propre dans les recettes, en changeant un ingrédient si un autre vous inspire.

Après tout, le chaudron a tout autant servi à travers l'histoire à faire des potions de sorcière qu'à cuisiner au-dessus du feu de bons petits plats mijotés !

Des recettes les plus simples au plus travaillées, référez-vous au nombre de chaudrons qui les accompagnent pour connaître le niveau de difficulté de leur réalisation, au nombre de sabliers pour connaître leur temps de préparation, et à celui des bourses magiques pour connaître le budget de chaque plat !

Nombre de chaudrons + difficulté de la recette

Vous trouverez aussi à la fin de chaque chapitre une page où noter vos propres recettes, pour garder une trace dans ce grimoire de vos plus belles réalisations à l'occasion de chaque sabbat.

Samhain

Un peu d'histoire

Samhain

Samhain est le dernier et le premier sabbat de l'année sorcière.
Même si, aujourd'hui, cette fête est la plus connue de la roue de l'année grâce à la fête d'Halloween, elle tire ses origines de la culture celte
et remonte à plusieurs centaines d'années.
C'est un des quatre sabbats majeurs de l'année.
On le célèbre le 31 octobre, mais sa date astronomique se situe exactement
à mi-chemin de l'équinoxe d'automne et du solstice d'hiver.
Il signifie littéralement « fin de l'été ».

On trouve encore, dans les cultures irlandaise, écossaise et galloise, la trace des célébrations de la nouvelle année. À ce moment-là, les membres d'un village éteignaient le feu de leurs foyers et se réunissaient pour voir les druides rallumer le feu sacré de la communauté. En échange d'offrandes exprimant leur gratitude et demandant protection, chaque famille pouvait repartir avec une flamme du feu sacré pour rallumer le feu du foyer qu'elle entretiendrait tout au long de la nouvelle année.
C'est donc le moment idéal pour nettoyer son foyer avant l'hiver et en renouveler les protections.

C'est aussi une célébration des défunt·e·s. En effet, on pensait que la nuit de Samhain, le voile séparant les mondes était si fin qu'il permettait tant aux créatures magiques qu'aux esprits des mort·e·s de venir sur notre terre. On consacrait donc alors un temps à l'entretien des sépultures des morts, mais aussi à leur souvenir et à sa transmission lors de réunions de famille.

Enfin, Samhain marquait aussi la fin des récoltes ; c'était la troisième fête des moissons après Lúnasa et Mabon. C'était donc le moment de terminer de préparer l'hiver en s'attelant à la conservation et à la transformation des fruits, légumes, céréales et autres victuailles issues de l'abondance estivale.

Dans certaines cultures et croyances, Samhain symbolise aussi la mort du Dieu soleil, qui renaîtra de la Déesse alors en gestation.

Au cours de l'évangélisation des peuples celtes et de la propagation du catholicisme, l'Église a intégré cette tradition païenne qu'elle n'arrivait pas à faire disparaître, en créant la Toussaint et la fête des morts les 1er et 2 novembre. La période courant du 31 octobre au 2 novembre demeure importante dans beaucoup de cultures païennes à travers le monde.
En plus de Samhain chez les wiccan·e·s (et plus majoritairement dans la sorcellerie éclectique et le néo-paganisme), le 31 octobre les druides célèbrent Samonios, la Stregheria (branche italienne de la sorcellerie) la *Festa Dell Ombra*, la *Heathenry* (paganisme nordique) la nuit de l'hiver.
Se superposant à la Toussaint des catholiques, le 1er novembre voit célébré *El Día de los Muertos* au Mexique, le 2 novembre est le jour du *dziady*, un repas silencieux dédié aux défunts, chez les peuples païens slaves.

Cette célébration est donc hautement symbolique, peu importe les cultures…

L'art de la table

Que vous fêtiez Halloween en distribuant des bonbons et en posant des crânes et des représentations de fantômes, ou que vous souhaitiez quelque chose de plus solennel, en honorant par exemple les ancêtres lors d'un repas silencieux, disposez sur votre table des éléments symboliques afin de véritablement drainer les énergies de ce sabbat dans votre foyer.

- Privilégiez une vaisselle aux **teintes automnales** (orange, marron...) ou noire.
- Pensez à dresser un **couvert de plus** à table, qui représentera les défunt·e·s que vous souhaitez honorer et auxquel·le·s vous pensez particulièrement en cette période de « fête des morts ». Vous pouvez d'ailleurs édifier un autel aux défunt·e·s sur votre table si vous avez l'espace nécessaire, mais si ce n'est pas le cas, n'hésitez pas à déposer une photo ou un objet d'un de vos êtres chers décédés.
- Pensez à disposer des **bougies** sur la table – elles symbolisent ce dernier festival du feu.
- Utilisez des éléments naturels pour décorer votre table, ce sont de véritables trésors. Bien sûr, les **citrouilles et courges** en tout genre sont toujours un choix aussi beau que symbolique pour cette célébration. Elles représentent la fécondité et la prospérité, dans les dimensions tant physique que matérielle ou spirituelle. Vous pouvez les vider et les décorer ou non. Vous pouvez même jouer le jeu jusqu'au bout en disposant quelques **navets**, car initialement c'étaient eux qui étaient creusés lors de Samhain pour repousser les mauvais esprits. C'est à partir de la grande vague d'émigration de la population irlandaise catholique en Amérique du Nord, au milieu du XIXe siècle, que les citrouilles ont remplacé les navets, leur culture étant beaucoup plus répandue dans le Nouveau Monde.

- Ajoutez des **noix**, en rappel d'un rituel de divination irlandais effectué le soir de Samhain, au cours duquel on brûlait des noix représentant des amoureux pour savoir si leur histoire allait les mener au mariage ou non.
- Parsemez la nappe de **feuilles mortes** ramassées lors de promenades dans la nature, en guise de chemin de table par exemple, ou confectionnez avec une guirlande qui surplombera votre table. Les feuilles tombées des arbres et récoltées sont une belle allégorie de la mort que l'on honore lors de ce sabbat, et de la transformation qui s'ensuit.
- Symbole de l'automne, la **pomme** pourra autant se retrouver dans vos assiettes qu'en décoration sur votre table. Réparties à divers endroits, réunies dans un panier, voire ouvertes en deux pour laisser apparaître le pentacle qui se cache en leur centre, les pommes symbolisent la dernière récolte et annoncent l'abondance de la nouvelle année sorcière.

  Toutefois, pour moi, la plante **la plus représentative de ce sabbat est le romarin**, la plante du souvenir, que j'associe particulièrement aux défunt·e·s. Vous pouvez en mettre quelques branches séchées sur votre table ou, pourquoi pas, déposer un petit pied de romarin en pot que vous aurez planté à Ostara.

- Enfin, disposez des **outils magiques** sur la table, comme un petit balais pour nettoyer les énergies (ou plusieurs petits, que vous fabriquerez vous-même au cours d'un atelier qui vous aider à vous imprégner de l'énergie de Samhain les jours précédents), un chaudron, voire des arcanes du tarot pour la symbolique en lien avec cette célébration (la Mort, c'est-à-dire l'Arcane sans Nom, symbole de transformation, de renaissance ; la Papesse, symbole de spiritualité et de magie, ou encore la Roue de Fortune symbole du cycle qui recommence avec le début de cette nouvelle année sorcière). Bien sûr, rien ne vous empêche de lier ces symboliques spirituelles avec une jolie disposition de gourmandises sur votre table ! De jolis bonbons, dont le sucre représente la douceur de ce moment de partage, ou encore des pommes d'amour...

Citrouille
Pomme
Cèpes
Coing
Noix
Choux
Noisette
Poire

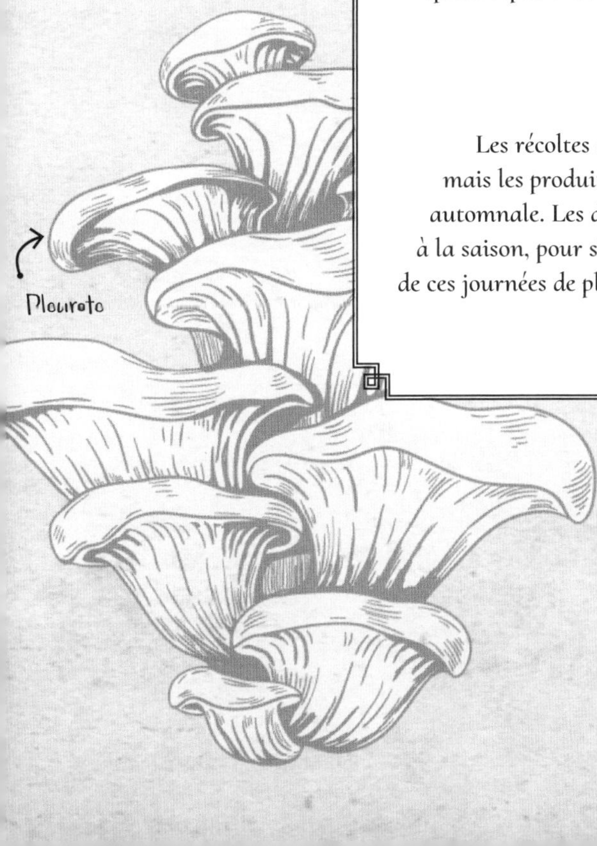

Les recettes

Samhain, à cheval entre octobre et novembre, est au cœur de l'automne. Malgré quelques rayons de soleil (si on a de la chance), les journées sont fraîches, les matinées brumeuses… Le soir, rien n'est plus réconfortant qu'un repas bien chaud, un plaid, et une tasse fumante.

✦

Les récoltes d'octobre sont encore abondantes, mais les produits de saison ont vraiment une saveur automnale. Les déguster est le moyen idéal pour se lier à la saison, pour s'accorder des moments de réconfort lors de ces journées de plus en plus courtes, et se préparer au froid à venir.

Verrine de prospérité (lentilles, châtaignes)

Chaudrons : 3/5
Sabliers : 3/5
Bourses : 1/5

Ingrédients
(pour 4 personnes)

200 g de lentilles vertes
200 g de châtaignes cuites
1 oignon
2 gousses d'ail
1 cuil. à soupe d'huile d'olive
½ tasse (125 ml) de bouillon de légumes
10 cl de crème liquide
Châtaignes entières
Sel et poivre
Herbes aromatiques ou croûtons (facultatif)

Conseils

Pour une version plus gourmande, vous pouvez ajouter un peu de crème fraîche sur le dessus de la verrine. Dégustez tiède ou bien frais !

Préparation

- Faites cuire les lentilles dans une casserole d'eau bouillante salée 25 min, ou jusqu'à ce qu'elles soient tendres.
- Pendant ce temps, épluchez l'oignon et l'ail et hachez-les finement.
- Faites revenir l'oignon et l'ail dans une poêle avec l'huile d'olive 5 min, ou jusqu'à ce qu'ils soient translucides.
- Ajoutez les châtaignes et faites-les revenir 2 min.
- Retirez du feu la casserole de lentilles ; égouttez-les.
- Ajoutez les lentilles, le bouillon de légumes et la crème liquide dans la poêle.
- Mixez le tout jusqu'à obtenir une purée lisse.
- Salez et poivrez à votre goût.
- Répartissez la purée de lentilles dans des verrines.
- Décorez avec des châtaignes entières, des herbes aromatiques ou des croûtons.

L'info magique

- Les lentilles sont liées à la prospérité, plus globalement à l'argent. On trouve d'ailleurs souvent des lentilles sèches sur les autels liés à la magie financière !
- Les châtaignes, elles, sont utilisées en magie protectrice, grâce au symbole de leurs bogues pointues.
- Cette recette est donc un beau moyen de souhaiter protection et prospérité pour cette nouvelle année sorcière.
- De plus, elle est particulièrement économique, ce qui est déjà un premier pas vers la prospérité attendue !

L'info magique

- Le potimarron, comme tous les autres types de courges, est un aliment symbolique de cette période, tant par son lien à l'automne et son histoire que parce qu'il est parfait pour l'ancrage et le lien à la terre. J'ai choisi le potimarron pour sa douceur et le goût proche de la farine de châtaigne avec laquelle il s'associe à la perfection.
- Le romarin est la plante qu'on associe au souvenir des défunt·e·s. Dans cette recette, la douceur apportée par la crème, le symbole du souvenir avec le romarin et le lien à la terre avec le potimarron forment un belle symbiose autour de Samhain.

Blinis potimarron-farine de châtaigne et crème mousseuse au romarin

Chaudrons : 3/5
Sabliers : 3/5
Bourses : 2/5

Ingrédients
(pour environ 20 blinis)

250 g de potimarron cuit
1 œuf
100 g de farine de châtaigne
50 g de farine de blé
1 cuil. à soupe de levure chimique
1 cuil. à café de sel
10 cl de lait
5 cl de crème liquide
15 cl de crème fraîche
1 branche de romarin frais ou séché (+ quelques-unes pour le service, facultatif)
Sel, poivre

Conseils

Pour une version plus gourmande, ajoutez à la pâte un peu de fromage râpé ou de bacon.

Préparation

- Préchauffez le four à 200 °C (th. 6-7).
- Épluchez le potimarron et coupez-le en dés.
- Placez les dés de potimarron dans un plat allant au four et enfournez 20 min, ou jusqu'à ce qu'ils soient tendres. Laissez refroidir.
- Dans un saladier, battez l'œuf.
- Ajoutez la farine de châtaigne, la farine de blé, la levure chimique, le sel, le lait et la crème liquide.
- Mélangez jusqu'à obtenir une pâte homogène.
- Ajoutez les dés de potimarron et mixez jusqu'à ce qu'ils soient bien incorporés.
- Badigeonnez une poêle à blinis d'un peu de beurre.
- Faites-la chauffer à feu moyen.
- Versez une petite louche de pâte dans les alvéoles de la poêle et faites cuire 1 à 2 min de chaque côté, ou jusqu'à ce que les blinis soient dorés.
- Réservez les blinis sur une plaque recouverte de papier sulfurisé.
- Dans une casserole, faites chauffer la crème fraîche à feu doux.
- Ajoutez la branche de romarin à la crème et laissez infuser pendant quelques minutes. Assurez-vous que la crème ne bout pas.
- Retirez le romarin et montez la crème en mousse à l'aide d'un batteur électrique ou d'un fouet.
- Salez, poivrez à votre goût.
- Servez les blinis chauds avec la crème mousseuse au romarin. Vous pouvez décorer avec quelques brins de romarin frais pour la présentation.

Pâtes fraîches
réconfortantes aux champignons

Chaudrons : 2/5 Sabliers : 2/5 Bourses : 2/5

Ingrédients
(pour 4 personnes)

250 g de pâtes fraîches (ou l'équivalent en pâtes sèches de votre choix)
250 g de champignons (champignons de Paris, cèpes, girolles, pleurotes...), nettoyés et coupés en tranches
2 gousses d'ail, finement hachées
1 oignon, finement haché
2 cuil. à soupe d'huile d'olive
½ tasse (125 ml) de bouillon de légumes
Sel, poivre
Persil frais, haché

Préparation

- Faites cuire les pâtes selon les instructions du paquet dans une grande casserole d'eau salée. Égouttez-les et réservez.
- Pendant que les pâtes cuisent, faites chauffez l'huile d'olive dans une grande poêle à feu moyen.
- Ajoutez l'oignon et faites-le revenir jusqu'à ce qu'il soit translucide.
- Ajoutez les champignons tranchés et faites-les sauter jusqu'à ce qu'ils soient dorés et que leur eau soit évaporée.
- Ajoutez l'ail haché et faites-le revenir 1 min environ.
- Versez le bouillon de légumes dans la poêle et laissez mijoter pendant quelques minutes.
- Salez et poivrez à votre goût. Mélangez bien.
- Incorporez les pâtes cuites dans la poêle et mélangez pour bien les enrober de sauce aux champignons.
- Servez les pâtes chaudes, garnies de persil frais haché.

Cette recette simple met en valeur les saveurs naturelles des champignons sans utiliser de crème, ce qui en fait une option légère et délicieuse.

L'info magique

- Le champignon est l'ingrédient magique par excellence ! Il est associé aux balades et cueillettes d'automne. Mais chaque espèce a sa propre magie. De la plus bénéfique aux plus dangereuses pour qui ne sait pas reconnaître un champignon comestible d'un champignon vénéneux.
- Cette recette peut être très économique, si elle est réalisée avec une simple barquette de champignons de Paris qui, en magie, favorisent le changement (parfait pour le cycle initié avec cette nouvelle année sorcière), mais est plus onéreuse si vous souhaitez utiliser d'autres espèces (sauf si vous allez vous-même les ramasser en forêt, avec toutes les précautions qui s'imposent !).
- Les chanterelles et girolles vous apporteront joie et réconfort en cette période parfois compliquée qui avance vers la saison sombre.
- Le pied-de-mouton viendra également, avec sa douceur, apporter réconfort.
- Le cèpe, roi des champignons, étant plutôt un symbole lié à la force, au rayonnement, j'ai plutôt tendance à en consommer lors des fêtes de Yule.
- L'incontournable de ce sabbat est pour moi la trompette-de-la-mort. Son nom n'est pas lié à la mort qu'elle provoquerait, contrairement à bon nombre de champignons qui, eux, vous empoisonneront à la première bouchée, mais à son lien avec le monde des défunt·e·s. Ce sera le choix idéal pour votre dîner silencieux, une offrande à vos ancêtres, ou tout simplement pour régaler votre estomac, car les trompette-de-la-mort, avec leur petit goût caractéristique, se marient parfaitement avec la simplicité de cette recette.

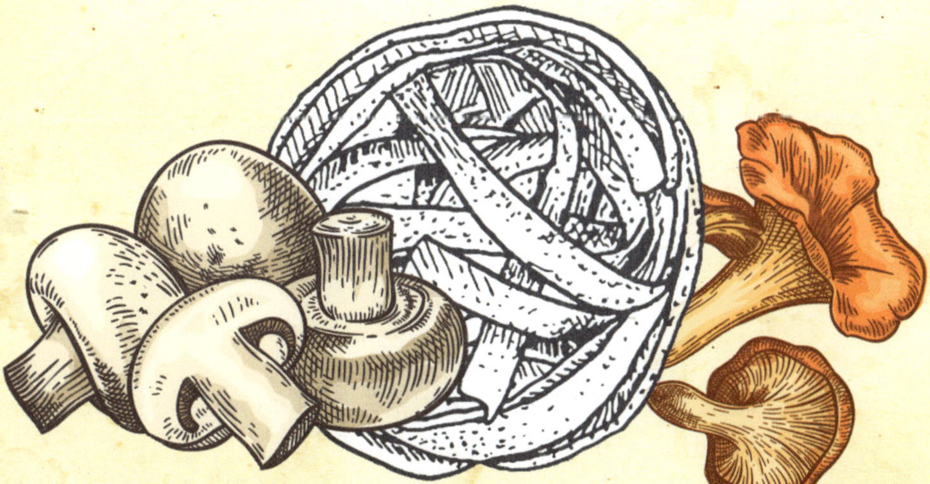

Soupe gratinée à l'oignon et au cidre

Chaudrons : 2/5
Sabliers : 2/5
Bourses : 2/5

Ingrédients
(pour 4 personnes)

4 gros oignons, émincés
2 cuil. à soupe d'huile d'olive
2 cuil. à soupe de beurre
2 cuil. à soupe de farine
1,5 l de bouillon de légumes
250 ml de cidre de votre choix
Sel et poivre
4 belles tranches de pain de campagne
Fromage râpé (gruyère, emmental, comté…)

Préparation

- Dans une grande casserole, faites chauffer l'huile d'olive et le beurre à feu moyen. Ajoutez les oignons émincés et faites-les cuire lentement jusqu'à ce qu'ils soient caramélisés et dorés. Cela prend 20 à 30 min.
- Saupoudrez les oignons caramélisés de farine et mélangez bien pour les enrober.
- Versez le bouillon de légumes dans la casserole tout en remuant constamment pour éviter les grumeaux.
- Ajoutez le cidre et laissez mijoter 20 à 30 min.
- Salez, poivrez.
- Préchauffez le gril du four.
- Pendant ce temps, faites griller de belles tranches de pain sur une plaque de cuisson ou au plus simplement au grille-pain.
- Répartissez la soupe dans des bols allant au four. Placez les tranches de pain grillé sur la soupe et saupoudrez généreusement de fromage râpé.
- Faites gratiner sous le gril du four jusqu'à ce que le fromage soit fondu et doré.

L'info magique

- La soupe à l'oignon est une institution de la cuisine française, mais, en bonne Lyonnaise, la soupe « gratinée » fait partie des incontournables de mes fraîches soirées d'automne. Cette version au cidre est donc autant un appel à mes origines dans la ville de la gastronomie qu'une ode au cidre breton, (oui, j'utilise du cidre breton, mais vous pouvez choisir du cidre normand, je ne vous jugerai pas, promis !).
- Les pommes, à partir de quoi est fait le cidre, sont un des symboles forts de Samhain, mais aussi un petit clin d'œil celte, donc aux origines de cette fête, dans une recette classico-classique.
- L'oignon lui-même est un légume souvent utilisé en magie de bannissement. Il apportera une touche de protection à votre tablée.
- Enfin, la simplicité de cette recette en fera l'alliée de votre table.

Tartine au potimarron de Samhain

Chaudrons : 2/5 Sabliers : 2/5 Bourses : 2/5

Ingrédients
(pour 4 personnes)

1 demi-potimarron
2 grosses tranches d'un bon pain de campagne
Romarin
Huile d'olive
Quelques tranches de bûche de chèvre (ou un fromage bleu, type roquefort, ou encore, pour les plus timides comme moi, une petite fourme de Montbrison !)
Sel et poivre
Graines de courge grillées (pour la garniture)
Miel ou sirop d'érable

Préparation

- Coupez le potimarron en tranches.
- Mettez-le au four sur une plaque, avec de l'huile d'olive, du sel, du poivre et du romarin.
- Laisser rôtir 20/30 min à 200 °C (th. 6-7).
- Une fois que le couteau rentre bien dedans, sortez la plaque, faites glisser ces jolies tranches de potimarron rôti sur les tranches de pain de campagne sur lesquelles vous aurez versé un filet d'huile d'olive.
- Remettez le tout sur la plaque avec quelques tranches de fromage.
- Laissez dorer sous le gril quelques minutes de plus.
- Enfin, saupoudrez de graines de courge grillées pour un peu de croquant supplémentaire.
- Pour une touche sucrée, vous pouvez aussi ajouter un filet de miel ou de sirop d'érable dessus.

Conseil

Même si on trouve à présent facilement des graines de courge dans le commerce, n'hésitez pas à récupérer les graines de votre potimarron lorsque vous le découper, et à les rincer pour les faire griller vous-même avec un peu d'huile d'olive et les épices de votre choix !

L'info magique

- Le sirop d'érable et le miel sont des ingrédients liés à la magie financière. Ils sont une promesse de fertilité et de prospérité pour les convives. Les graines de courge, ou les graines quelles qu'elles soient, sont aussi liées à la fertilité, tout comme les céréales utilisées pour le pain. On pense alors aux projets que l'on souhaite mettre en place au début de cette nouvelle année sorcière. Le fromage, même s'il est aussi lié à la prospérité, va ici tenir lieu d'offrande aux dieux et aux ancêtres.

Crumble poire-crème de marron

Chaudrons : 2/5 Sabliers : 2/5 Bourses : 3/5

Ingrédients

(pour 6 personnes)

Pour la garniture

4 poires mûres, pelées, épépinées et coupées en morceaux
200 g de crème de marron

Pour la pâte à crumble

150 g de farine
100 g de sucre brun
100 g de beurre froid, coupé en petits cubes
50 g de flocons d'avoine
1 pincée de sel
Glace à la vanille ou crème fraîche (facultatif)

Conseils

Vous pouvez ajouter des fruits secs ou des épices au crumble, comme des noisettes, des amandes ou de la vanille.
Pour une version plus gourmande, vous pouvez même ajouter un peu de chocolat noir au crumble.

Préparation

- Préchauffez le four à 180 °C (th. 6).
- Dans un saladier, mélangez les morceaux de poire avec la crème de marron et répartissez ce mélange dans un plat de cuisson.

- Dans un autre saladier, préparez la pâte à crumble en mélangeant la farine, le sucre brun, le beurre, les flocons d'avoine et le sel. Utilisez vos doigts pour incorporer le beurre jusqu'à l'obtention d'une texture granuleuse.
- Saupoudrez la pâte à crumble sur le mélange de poire et de crème de marron dans le plat de cuisson.
- Enfournez le tout 25 à 30 min, ou jusqu'à ce que le dessus du crumble soit doré et que les morceaux de poire soient tendres.
- Laissez tiédir avant de servir.
- Servez le crumble tiède, et, pour plus de gourmandise, accompagnez-le d'une boule de glace à la vanille ou d'une cuillerée de crème fraîche, si vous le souhaitez.

L'info magique

- On parle beaucoup des pommes en magie… Mais les poires ne sont pas en reste lorsqu'il s'agit de cuisine magique ! Elles sont, elles aussi, les reines de l'automne, avec souvent une chair plus juteuse et tendre que leurs sœurs rondes.
- Elles sont un symbole de fertilité, mais aussi de longévité et de réussite financière. Leur histoire est riche dans la culture mythologique, que ce soit auprès d'Héra ou d'Aphrodite. Elles sont également en lien avec la magie rouge, pour favoriser l'amour ou l'activité sexuelle.

Gâteau moelleux orange-pavot

Chaudrons : 2/5 Sabliers : 2/5 Bourses : 2/5

Ingrédients

(pour 8 personnes)

2 oranges moyennes bio (zeste et jus)
100 g de sucre
3 œufs
200 g de farine
1 cuil. à café de levure chimique
½ cuil. à café de bicarbonate de soude alimentaire
100 g de beurre fondu
2 cuil. à soupe de graines de pavot
Sucre glace (facultatif)
Quelques tranches d'orange supplémentaires

Préparation

- Préchauffez le four à 180 °C (th. 6). Beurrez et farinez un moule à gâteau.
- Lavez soigneusement les oranges. Râpez le zeste d'une des oranges et pressez les deux pour en extraire le jus.
- Dans un grand bol, battez le sucre et les œufs jusqu'à ce que le mélange blanchisse.
- Ajoutez le zeste râpé et le jus d'orange dans le mélange.
- Dans un autre bol, mélangez la farine, la levure chimique, le bicarbonate de soude et les graines de pavot.
- Ajoutez progressivement les ingrédients secs au mélange liquide, en mélangeant bien pour éviter les grumeaux.
- Incorporez le beurre fondu dans la pâte et remuez jusqu'à obtenir une consistance homogène, puis versez la pâte dans le moule.
- Faites cuire au four préchauffé 30 à 35 min environ, ou jusqu'à ce que la pointe du couteau ressorte propre.
- Une fois le gâteau cuit, laissez-le refroidir dans le moule quelques minutes, puis transférez-le sur une grille pour qu'il refroidisse complètement.
- Si vous le souhaitez, vous pouvez napper le gâteau d'un glaçage une fois qu'il est complètement refroidi, en mélangeant 100 g de sucre glace avec le jus d'une orange. Ou alors vous pouvez mettre quelques tranches d'orange dans le fond de votre moule avant de verser la pâte. Elles caraméliseront et donneront un petit effet « gâteau renversé ».
- Coupez, partagez et dégustez !

L'info magique

- Le pavot et l'orange ont la particularité d'être des ingrédients propices, encore une fois, à la magie amoureuse… Ils permettent d'attirer l'amour, de provoquer des sentiments sincères, mais aussi de rayonner et de s'assumer en tant qu'individu propre.
- Ils ont des vertus liées à la fertilité, qu'elle soit physique, spirituelle ou en lien avec des projets, ce qui en fait des ingrédients parfaits pour terminer ce repas de célébration de la nouvelle année sorcière.

Vos recettes

Yule

Un peu d'histoire

Yule

Yule est le premier sabbat mineur de la roue de l'année. Il fête le solstice d'hiver, le moment où l'obscurité laisse la place à la lumière, lorsque les jours rallongent, que nous quittons la saison sombre.

Les solstices et les équinoxes sont liés au cycle astronomique : c'est le mouvement des étoiles et des planètes qui décide chaque année de la date exacte des sabbats, mais en règle générale, c'est entre le 21 et le 23 décembre qu'est célébrée l'arrivée de l'hiver.

Les passages de saison sont célébrés dans beaucoup de cultures, et le sont depuis des centaines d'années.

Par exemple chez les Celtes, le solstice représente la mort du roi Houx qui cède la place au roi Chêne : cette bataille se rejoue chaque année et symbolise les deux saisons celtiques, la **saison sombre** et **la saison claire**, chacune incarnée par l'un de ces deux rois qui prend le dessus sur l'autre pendant la moitié de l'année.

Chez les wiccan·e·s, on célèbre la naissance du dieu Cornu, chez les druides le triomphe de la lumière sur l'obscurité, chez les Grec·que·s le retour de Koré (Perséphone) des Enfers ; c'est encore Odin qui ramène la lumière au monde en chevauchant à travers les forêts. Les célébrations du solstice ont toujours été axées autour de la renaissance, du cycle de la vie, et du retour de la lumière après des semaines de froid et d'obscurité.

Les hommes et les femmes avaient besoin de célébrer ce passage afin de se rappeler que, malgré les difficultés dues au froid, au manque de produits frais, la terre allait se réveiller et leur apporter de nouveau ses bienfaits. Car après Samhain et la dernière moisson, les greniers étaient certes remplis de légumes-racines, de céréales, de viande et de poissons séchés, mais il n'y avait pas d'autre moyen de se nourrir jusqu'au retour des premières récoltes, et les gelées pouvaient être rudes.

Cette période de l'année était en conséquence dédiée tant au calme, au confort du foyer, qu'à des fêtes célébrées en grande pompe, comme les saturnales, la fête des Fous ou, par la suite, Noël et le jour de l'An ! Ces deux dernières fêtes, modernes, ont repris un grand nombre des codes des fêtes païennes.

L'art de la table

Célébrer Yule le 21 décembre, si vous êtes un tant soit peu sensible à la magie de Noël, implique que vos décorations sont déjà en place, le sapin déjà érigé, les guirlandes lumineuses clignotantes dès la nuit tombée… Que cela n'empêche pas de dresser une table particulière, placée sous le signe de Yule et donc couverte de ses symboles, lors de votre dîner de célébration de ce sabbat. Même s'il est certain qu'un grand nombre de « marqueurs » de Noël sont issus de ces fêtes païennes, il existe de nombreuses façons de saluer Yule, toutes aussi belles et spécifiques.

- Si vous aimez les nappes, c'est le moment de travailler avec la magie des couleurs. Installez sur votre table **une nappe rouge**, comme un rappel du feu sacré, un symbole de vitalité, un hommage au dieu naissant, au combat des rois Houx et Chêne, ou à Odin qui apporte la lumière. Vous pouvez aussi choisir une **nappe verte**, en privilégiant l'idée d'ancrage, de lien à la nature et à la végétation, avec du houx, du gui et, bien sûr, le **sapin**.
- Il est également possible d'opter pour une **nappe couleur or**, ou de la vaisselle dorée, pour représenter le retour de la lumière lors de cette fête.
- Une fois la table dressée, il est temps de la décorer. La pièce centrale de notre table est le symbole le plus fort de ce sabbat : la **bûche** de Yule. Si vous avez la chance de disposer d'une cheminée, la bûche de Yule est censée, après avoir été choisie à Mabon, brûler toute la nuit puis, une fois ses cendres récupérées le matin, vous servir toute l'année lors de rituels de guérison ou de protection. Cependant, dans notre monde moderne, les cheminées se font de plus en plus rares. Aussi, c'est au centre de la table que nous placerons la bûche de Yule, que nous décorerons. Grâce à de la cire fondue, disposez dessus **trois bougies** qui illumineront votre repas. Encore une fois, elles seront l'occasion de jouer de la magie des couleurs si vous en choisissez une rouge, une verte et une blanche (pour la pureté et le calme qui règne en cette saison froide). J'aime bien y ajouter quelques décorations naturelles, toujours collées grâce à de la cire fondue. De **l'anis étoilé**, qui apportera l'amour dans le foyer, des **pommes** de pin qui représentent les récoltes à venir, des **branches de sapin** ou des **feuilles de houx** pour la protection. Enfin, accrochez à son écorce quelques vœux écrits (ou dessinés pour les plus petits) sur de petits papiers, que vous ferez brûler à la fin de votre célébration aux bougies toujours allumées sur la bûche.
- La modernité, c'est aussi apprendre à adapter sa pratique sorcière en veillant à la continuité des traditions.
- La tradition des cadeaux de Noël est un héritage du fait qu'on remerciait les dieux avec des offrandes au moment du solstice, et qu'on fabriquait des talismans de protection qu'on offrait à ses proches (avec les fameuses cendres de la bûche de Yule, par exemple).
- Pourquoi ne pas en profiter pour fabriquer vos propres **talismans** et les laisser se charger de vos bonnes énergies sur la table de célébration ? Talismans de voyage, de protection, de prospérité…

Pour fabriquer vos propres talismans, à vous de choisir le support que vous préférez ! Vous pouvez pyrograver un symbole sur une rondelle de bois, dessiner ou écrire une intention sur une feuille d'arbre ou de laurier. Pour la prospérité, vous pouvez même décider de consacrer une pièce de monnaie qui vous servira ensuite de talisman. Personnellement, j'aime utiliser de la monnaie ramenée de voyage à l'étranger, car c'est ensuite autant un talisman dédié au voyage qu'à la prospérité.

Pour dessiner un symbole, vous pouvez choisir un motif existant, comme une rune nordique ou un ogham celtique, ou dessiner vous-même un sigil, un sceau magique chargé de votre intention.

- Vous pouvez aussi dresser un petit **autel** sur la table, avec une assiette qui servira à déposer les offrandes de votre choix aux divinités que vous voulez honorer et remercier en fonction de vos croyances personnelles, mais aussi des **images** ou illustrations, comme une représentation du **roi Houx** afin de lui dire au revoir (d'ailleurs, il ressemble beaucoup à notre cher petit papa Noël !) ou de certains animaux très symboliques de cette période, comme le **corbeau** (autant comme animal tutélaire d'Odin que parce qu'il était vu comme un oiseau porteur de lumière, à la fois très intelligent et farceur, ce qui est bien l'esprit de cette célébration), le **cerf** bien évidemment (symbole de la naissance du dieu Cornu) ou l'**ours** qui incarne au mieux l'hiver.
  L'arcane de la Tempérance peut légitimement figurer sur votre table, car elle représente l'équilibre et l'harmonie.

✦

- Enfin, parez votre table de beaux agrumes, que vous pouvez même décorer en réalisant des « **pommes d'ambre** » (oranges et clémentines piquées de clous de girofle et surmontées d'un joli ruban), de **branches de sapin** ou **de houx**. Vous pouvez ausi profiter de la floraison hivernale de « la rose de Noël », doux nom de l'**hellébore noire**, plante sorcière symbole de ténacité et de lumière dans les ténèbres, et du beau **poinsettia**, que l'on surnomme « l'étoile de Noël ». Sa couleur rouge vif apportera joie, espoir et chaleur à votre intérieur.

Clémentine
Carotte
Dattes
Courge
Céleri
Coing
Brocoli

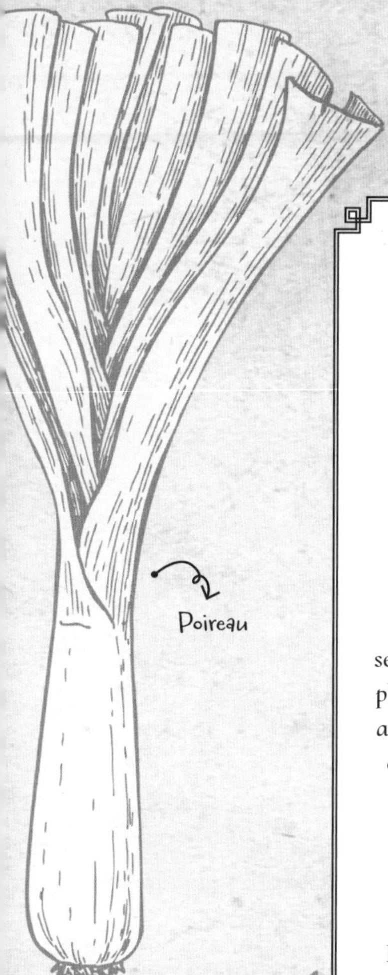

Les recettes

Le froid est désormais bien là, les fruits et légumes frais semblent avoir disparu des étals. Pourtant, c'est la période des plats chauds et réconfortants, des bonnes soupes revigorantes, avec des céréales et des féculents qui combleront nos estomacs en demande de calories à brûler pour contrer la rudesse des températures.

✦

Il est certain qu'à ce moment de l'année, il nous faut un peu plus de temps pour cuisiner, nous ne pouvons nous contenter de couper quelques crudités pour nous restaurer, mais je trouve personnellement les plats hivernaux très satisfaisants. J'aime sentir mijoter un ragoût, me poser en discutant pendant que j'épluche des légumes, avoir des restes plein le frigo qui seront meilleurs de jour en jour à chaque réchauffage…

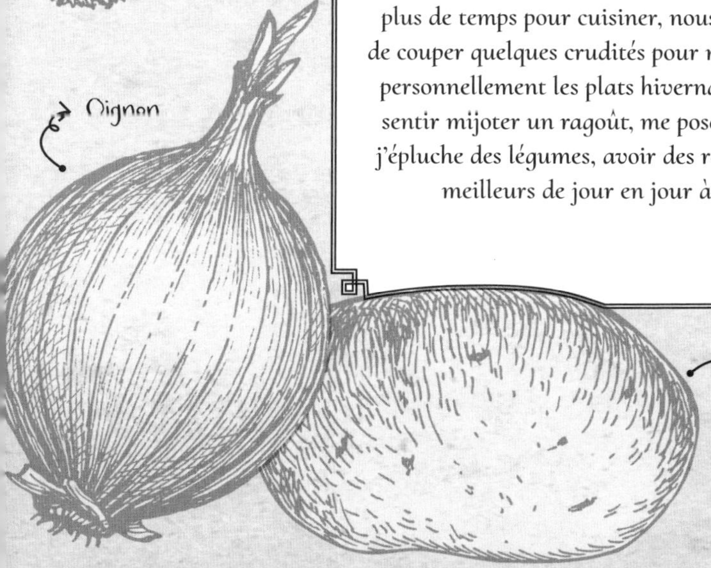

Bûche de Yule rouge, verte et blanche

(épinards, tomates, chèvre frais)

Chaudrons : 4/5
Sabliers : 3/5
Bourses : 2/5

Ingrédients
(pour 6 personnes)

Pour la génoise

4 œufs
50 g d'épinards frais, lavés et hachés finement
100 g de sucre
100 g de farine
1 cuil. à café de levure chimique
Sel

Pour la garniture

200 g de chèvre frais
200 g de tomates séchées, égouttées et coupées en petits morceaux
Sel et poivre

Pour la décoration

Fromage frais, chèvre frais ou crème fraîche
Quelques tomates séchées

Préparation

▪ génoise

- Préchauffez le four à 180 °C (th. 6). Tapissez de papier sulfurisé une plaque rectangulaire.
- Dans un mixeur, combinez les épinards avec les œufs et mixez jusqu'à obtenir un mélange homogène.
- Dans un grand bol, fouettez le sucre avec le mélange d'œuf et d'épinard jusqu'à le rendre mousseux.
- Ajoutez la farine tamisée, la levure chimique et une pincée de sel. Mélangez délicatement pour ne pas perdre le volume.
- Versez la pâte sur une plaque et étalez-la uniformément.
- Enfournez 10 à 12 min environ, ou jusqu'à ce que la génoise soit dorée et qu'un cure-dents planté au centre en ressorte propre.
- Roulez la génoise encore chaude dans un torchon pour qu'elle prenne la forme finale sans se casser une fois garnie.
- Laissez-la refroidir ainsi roulée sur une grille.

▪ garniture

- Dans un bol, mélangez le chèvre frais avec les tomates séchées coupées en petits morceaux. Salez, poivrez à votre goût.
- Mélangez bien.
- Si le mélange est trop épais, n'hésitez pas à l'allonger avec un peu de crème liquide ou de lait, en en ajoutant petit à petit et en remuant bien à chaque fois pour éviter d'obtenir un résultat trop liquide.

- **assemblage**
  - Une fois la génoise refroidie, déroulez-la, retirez le torchon et étalez uniformément la garniture sur toute sa surface.
  - Enroulez à nouveau délicatement la génoise garnie en forme de bûche.
  - Coupez les extrémités de la bûche pour obtenir une belle présentation.
  - Si vous le souhaitez, décorez la bûche avec du fromage frais, du chèvre frais ou de la crème étalée sur le dessus, et ajoutez des morceaux de tomate séchée.
  - Laissez la bûche reposer au frigo au moins 1 à 2 h avant de servir pour qu'elle soit bien ferme.

L'info magique

- Cette recette est pleine de symboles. Autant par sa forme, qui représente la bûche de Yule, que par ses couleurs : le vert établit le lien à la terre et aux conifères qui gardent leur belle robe toute l'année, le blanc évoque la pureté et la neige de l'hiver qui s'installe, le rouge est signe de feu, d'énergie.
- Les épinards d'hiver sont un symbole de résistance, car ils tiennent malgré les premières gelées. Les tomates séchées, conservées dans l'huile d'olive depuis la fin de l'été, annoncent, elles, le retour du soleil à partir du solstice.

Sablés salés au parmesan et au sésame noir

Chaudrons : 2/5
Sabliers : 2/5
Bourses : 2/5

Ingrédients

(pour environ 40 sablés)

200 g de farine
100 g de parmesan râpé
120 g de beurre demi-sel, froid
2 jaunes d'œufs
1 cuil. à soupe de sésame noir
½ cuil. à café de sel
½ cuil. à café de poivre noir moulu

Préparation

- Préchauffez le four à 180 °C (th. 6).
- Dans un saladier, mélangez la farine, le parmesan, le sésame noir, le sel et le poivre.
- Ajoutez le beurre et mélangez du bout des doigts jusqu'à obtenir une texture sableuse.
- Incorporez les jaunes d'œufs et mélangez jusqu'à obtenir une pâte homogène.
- Formez une boule de pâte et enveloppez-la dans du film alimentaire. Laissez reposer au réfrigérateur 30 min.
- Étalez la pâte sur une surface légèrement farinée, sur une épaisseur de 5 mm.
- Découpez les sablés à l'aide d'un emporte-pièce.
- Déposez les sablés sur une plaque de cuisson couverte de papier sulfurisé.
- Enfournez 15 min, ou jusqu'à ce que les sablés soient dorés.
- Laissez refroidir sur une grille avant de déguster.

Conseils

Pour des sablés plus croustillants, ne travaillez pas trop la pâte.
Pour des sablés plus moelleux, laissez reposer la pâte au réfrigérateur 1 h.

L'info magique

- Le sésame est beaucoup sollicité en magie dans les pays indiens et asiatiques. Il représente le lien secret et caché avec l'invisible, la protection, mais aussi la longévité. Dans notre culture occidentale, on l'utilise plutôt pour la magie financière, mais aussi pour la magie sexuelle.
- Dans mes correspondances personnelles, le sésame fait partie des ingrédients liés au sacré, au spirituel, au lien caché avec la magie. Servir ces petits palets salés à l'apéritif est un moyen d'ouvrir la célébration de Yule, qu'elle soit rituelle ou simplement gourmande.

Shepherd's pie (lentilles-champignons-butternut-pommes de terre/cheddar)

Chaudrons : 2/5 Sabliers : 3/5 Bourses : 2/5

Ingrédients
(pour 6 personnes)

Pour la garniture

1 tasse de lentilles vertes sèches, rincées
1 petite butternut, pelée, épépinée et coupée en dés
200 g de champignons, coupés en tranches
1 oignon, haché
2 gousses d'ail, émincées
2 cuil. à soupe de concentré de tomates
2 cuil. à soupe de farine
500 ml de bouillon de légumes
1 cuil. à café de thym séché
Sel et poivre
Huile d'olive pour la cuisson

Pour la purée de pommes de terre

800 g de pommes de terre, pelées et coupées en morceaux
60 g de beurre
100 ml de crème fraîche liquide
Sel et poivre

Pour faire gratiner

100 g de cheddar râpé

Préparation

▪ garniture

- Faites cuire les lentilles selon les instructions de l'emballage. Égouttez et réservez.
- Dans une grande poêle, faites revenir l'oignon et l'ail dans un peu d'huile d'olive jusqu'à ce qu'ils soient translucides.
- Ajoutez les champignons et la butternut. Faites sauter quelques minutes jusqu'à ce qu'ils commencent à dorer.
- Ajoutez le concentré de tomates, le thym, la farine, et mélangez bien.
- Versez le bouillon de légumes et laissez mijoter jusqu'à ce que la butternut soit tendre et la sauce épaissie.
- Ajoutez les lentilles cuites. Salez et poivrez à votre goût. Réservez.

▪ purée de pommes de terre

- Faites cuire les pommes de terre dans une casserole d'eau bouillante salée jusqu'à ce qu'elles soient tendres. Égouttez.
- Écrasez-les avec le beurre et la crème liquide jusqu'à obtenir une purée lisse. Salez, poivrez.

▪ assemblage de la Shepherd's Pie

- Préchauffez le four à 200 °C (th. 6-7).
- Dans un plat allant au four, étalez la garniture de lentilles, champignons et butternut.
- Recouvrez la garniture avec la purée de pommes de terre. Utilisez une fourchette pour créer des motifs à la surface.
- Saupoudrez de cheddar râpé.
- Enfournez 20 min environ, ou jusqu'à ce que le dessus soit doré.
- Laissez reposer quelques minutes avant de servir.

Conseil

• Ce plat peut très facilement être adapté en version 100 % végétale, en remplaçant dans la purée le beurre et la crème par du lait d'amande et de la margarine, et en remplaçant le cheddar râpé par une alternative végétale, ou simplement un peu de chapelure pour gratiner un peu le dessus du plat.

• Vous pouvez aussi choisir d'ajouter des morceaux de châtaigne ou des noisettes concassées dans le mélange lentilles-champignons-butternut.

L'info magique

- Cette recette est désormais mon repas traditionnel de Yule, quand je sais à l'avance que je n'aurais pas le temps de cuisiner. On peut la préparer la veille et simplement la passer au four le moment venu. C'est un repas comme on les aime l'hiver : réconfortant, chaud, nourrissant, mais aussi plein de bonnes choses pour l'organisme, avec des fibres, des protéines végétales, des légumes et des féculents, sans oublier un peu de matière grasse, car elle est nécessaire au bon fonctionnement du corps à cette période de l'année.
- De plus, je trouve ce plat très beau et ses couleurs, qui apparaîtront au moment du service, très symboliques. Le cheddar puis la pomme de terre en haut du plat, avec leurs belles couleurs orange et jaune, rappelleront le soleil qu'on célèbre en ce jour de solstice.
- La couche du dessous, ce mélange plutôt marron avec les lentilles et les champignons, sera un symbole de la terre nourricière, un point d'ancrage.
- Enfin, ajoutez si vous le souhaitez un peu de magie rituelle à ce plat, en dessinant un sigil, un symbole magique, celui de Yule, ou en écrivant un mot sur le dessus du plat lorsque vous lissez la purée. J'aime pouvoir ajouter un peu de la magie des mots et des symboles dans ma cuisine, et ce plat s'y prête parfaitement. L'objectif n'est pas qu'il se voit, mais d'inscrire l'intention que vous lui vouez, donc la concentration que vous mettez à le tracer en pleine conscience. Si après cuisson le dessin n'est plus visible, vous, vous saurez qu'il est toujours là et qu'il a rendu votre plat magique.

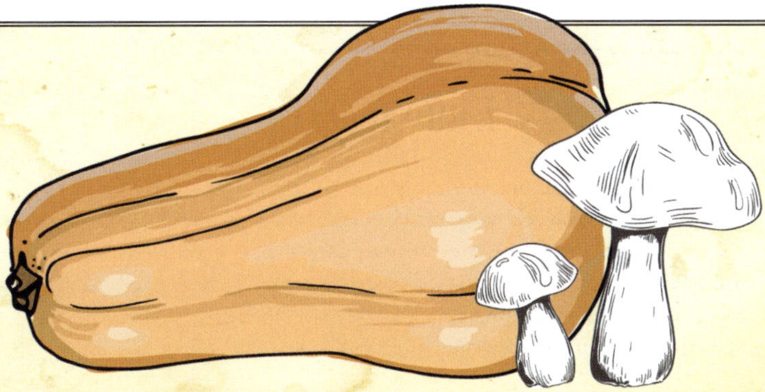

Potimarron farci au mont d'or

Chaudrons : 2/5
Sabliers : 3/5
Bourses : 4/5

Ingrédients

(pour 2 personnes)

1 potimarron moyen
1 mont d'or (environ 250 g)
2 gousses d'ail, hachées
2 cuil. à soupe d'huile d'olive
Sel et poivre
Pain de campagne (pour accompagner)

Préparation

- Préchauffez le four à 180 °C (th. 6).
- Lavez le potimarron et coupez le dessus pour constituer un couvercle. Évidez les graines et les filaments à l'intérieur.
- Badigeonnez l'intérieur du potimarron avec de l'huile d'olive et frottez-le avec de l'ail haché. Salez, poivrez.
- Coupez le mont d'or en morceaux et placez-les à l'intérieur du potimarron.
- Replacez le couvercle sur le potimarron.
- Enveloppez le potimarron dans du papier d'aluminium et placez-le sur une plaque de cuisson.
- Faites cuire au four 45 min à 1 h, ou jusqu'à ce que la chair du potimarron soit tendre. Attention, la cuisson peut prendre moins de temps si votre potimarron est tout petit. Vérifiez bien qu'il ne soit pas trop cuit car sa chair serait trop molle pour tenir le temps de le dévorer !
- Si vous le souhaitez, retirez le couvercle pendant les dernières minutes de cuisson pour permettre au fromage de gratiner.
- Servez le potimarron farci au mont d'or chaud, accompagné de morceaux de pain de campagne pour tremper dans le fromage fondu.

L'info magique

- Cette recette met à l'honneur une chose importante en cette période de l'année : le partage et la convivialité. Parfois, c'est en cela que réside la magie : manger des ingrédients de saison (le mont d'or n'apparaissant sur nos tables que de novembre à janvier), en bonne compagnie, en piochant tous dans le même plat, en discutant, en partageant, en riant…
- Qui plus est, l'utilisation du potimarron va encore une fois, grâce à son lien à la terre, nous permettre de travailler sur l'ancrage, et établira un lien entre toutes les personnes présentes.

Palets étoilés de polenta et leur sauce crémeuse champagne-noix muscade

Chaudrons : 4/5 Sabliers : 2/5 Bourses : 4/5

Ingrédients
(pour 6 personnes)

1 tasse de polenta
4 tasses d'eau
Sel, poivre
2 cuil. à soupe de beurre
½ tasse de parmesan râpé

Pour la sauce crémeuse champagne-noix muscade

1 tasse de champagne
1 tasse de crème fraîche
½ cuil. à café de noix de muscade râpée
Sel, poivre

Préparation

▪ palets de polenta

- Dans une casserole, portez l'eau à ébullition. Salez.
- Versez lentement la polenta en pluie fine tout en remuant constamment pour éviter les grumeaux.
- Réduisez le feu de moyen à doux et continuez à remuer 15 à 20 min, jusqu'à ce que la polenta épaississe.
- Ajoutez le beurre et le parmesan râpé, et mélangez bien. Salez, poivrez à votre goût.
- Étalez la polenta sur une plaque à pâtisserie couverte de papier sulfurisé sur une épaisseur d'environ 1,5 à 2 cm.
- Laissez refroidir et durcir au réfrigérateur au moins 1 h.
- Utilisez un emporte-pièce en forme d'étoile pour découper des palets de polenta.

▪ sauce crémeuse champagne-noix muscade

- Dans une casserole, faites chauffer le champagne à feu moyen jusqu'à ce qu'il réduise de moitié.
- Ajoutez la crème fraîche et la noix de muscade râpée. Mélangez bien.
- Laissez mijoter à feu doux quelques minutes jusqu'à ce que la sauce épaississe légèrement.
- Salez, poivrez.

- **assemblage**
  - Faites chauffer les palets de polenta dans une poêle avec un peu d'huile jusqu'à ce qu'ils soient dorés des deux côtés.
  - Disposez les palets dans une jolie assiette.
  - Nappez les palets avec la sauce crémeuse au champagne et à la noix de muscade.
  - Servez immédiatement.

L'info magique

- Le maïs est un des ingrédients les plus liés à l'abondance et à la fertilité. C'est mon ingrédient phare du sabbat de Lúnasa, tant comme offrande pour remercier les dieux que comme symbole des récoltes de la première moisson. Utiliser cet ingrédient lors du sabbat de Yule est pour moi l'occasion de souhaiter abondance et fertilité pour les mois à venir grâce au retour du soleil. Le choix de la forme en étoile permet de symboliser cette dualité de la célébration de la nuit la plus longue de l'année et du retour du soleil.
- L'utilisation du champagne dans la sauce peut donner un aspect décadent à votre repas, mais en même temps il s'agit ici d'un repas de fête ! Le vin blanc, utilisé pour la fabrication du champagne, est une représentation de la lune en magie. On retrouve ici la fameuse complémentarité lune-soleil présente avec le maïs utilisé pour la polenta.

Boules de neige
à la noix de coco et aux noisettes

Chaudrons : 2/5
Sabliers : 3/5
Bourses : 2/5

Ingrédients

(pour une vingtaine de boules)

200 g de noix de coco râpée
100 g de noisettes, hachées finement
200 g de lait concentré sucré
1 cuil. à café d'extrait de vanille
1 pincée de sel
Sucre glace (pour l'enrobage)

Conseil

Pour ajouter du croquant, vous pouvez insérer au cœur de votre boule une petite noisette entière, ou une amande, au moment où vous la formez.

Préparation

- Dans un grand bol, mélangez la noix de coco râpée, les noisettes hachées, le lait concentré sucré, l'extrait de vanille et une pincée de sel.
- Mélangez bien jusqu'à obtenir une pâte homogène.
- Placez la pâte au réfrigérateur 30 min environ pour qu'elle soit plus facile à travailler.
- Préparez une assiette avec du sucre glace pour enrober les boules.
- Une fois la pâte refroidie, prélevez de petites portions de la taille d'une noix et roulez-les entre vos mains pour former des boules.
- Enrobez chaque boule de neige dans le sucre glace, en veillant à bien les couvrir.
- Disposez les boules de neige enrobées sur un plateau couvert de papier sulfurisé.
- Réfrigérez les boules au moins 1 à 2 h pour qu'elles durcissent légèrement.
- Une fois les boules bien refroidies, conservez-les au réfrigérateur jusqu'au moment de les déguster.

L'info magique

- N'oublions pas que même si Yule est une célébration du retour de la lumière, c'est également le sabbat qui annonce l'entrée officielle de la saison hivernale. Ces « boules de neige » représentent la pureté, et la blancheur qui domine en cette saison. Le lait concentré sucré apporte de la douceur et du réconfort malgré le froid. Les noisettes sont un ingrédient utilisé dans la cuisine magique en lien avec la connaissance, particulièrement avec la connaissance cachée, comme ce petit fruit caché dans sa coque. L'ingrédient parfait pour accompagner vos rituels de magie lors de ce solstice !

Sapin feuilleté banane chocolat

Chaudrons : 1/5
Sabliers : 2/5
Bourses : 1/5

Ingrédients
(pour 6 personnes)

2 pâtes feuilletées
3 à 4 bananes mûres
100 g de chocolat noir, fondu
1 jaune d'œuf (pour la dorure)
Sucre glace (pour la décoration, facultatif)

Préparation

- Préchauffez le four à 200 °C (th. 6-7).
- Étalez la première pâte feuilletée sur une plaque, en conservant la feuille de papier sulfurisé dessous.
- Étalez une couche de chocolat fondu sur toute la surface de la pâte.
- Coupez les bananes en rondelles et disposez-les uniformément sur le chocolat.
- Recouvrez avec la seconde pâte feuilletée.
- À l'aide d'un couteau ou d'une paire de ciseaux, découpez cet assemblage en forme de sapin. Vous pouvez utiliser un modèle en papier placé sur la pâte, en en découpant les contours.
- À l'aide d'un couteau, faites des incisions le long des bords du sapin à intervalles réguliers, en partant du centre vers l'extérieur. Ces incisions figureront les branches du sapin.
- Twistez légèrement chaque branche pour renforcer la ressemblance avec des branches de sapin.
- Vous pouvez utiliser les chutes restantes pour faire d'autres formes, comme des étoiles avec un emporte-pièce.
- Battez le jaune d'œuf et utilisez-le pour dorer le dessus du sapin au pinceau.
- Mettez le sapin au four préchauffé 15 à 20 min environ, ou jusqu'à ce qu'il soit doré.
- Une fois cuit, retirez le sapin du four et laissez-le refroidir légèrement.
- Saupoudrez de sucre glace (si vous le souhaitez) pour un effet neige.
- Posez le sapin feuilleté à la banane et au chocolat sur la table, et laissez chacun tirer sa branche directement sur l'arbre pour se régaler.

L'info magique

- Cette recette aborde deux choses différentes pour moi : la magie des ingrédients eux-mêmes, le chocolat et la banane étant tous deux fortement liés à l'amour, voire à la sexualité, mais aussi sources de réconfort et de bien-être ; la forme en sapin de ce dessert qui est bien évidemment un hommage à l'arbre de Yule. Le fait de le servir entier et de permettre à chacun de tirer sur la branche de son choix est également un rappel des sentiments de partage et d'amour propres à cette célébration qui réunit souvent la famille.

Bonus Gâteau du 1er de l'an à la fleur d'oranger

La nouvelle année sorcière a beau être le 1er novembre, et même si officiellement la nouvelle année ne se fête le 1er janvier que depuis 1564 (merci le pape Grégoire et l'instauration du calendrier Grégorien), le premier de l'an est une date marquante. Qu'on choisisse de faire la fête toute la nuit du 31, de passer la journée du 1er à aller marcher dans les bois, ou d'ignorer complètement cette date, cela reste toujours un moment marquant. J'aime les traditions et celle-ci en est une nouvellement instaurée dans ma vie. J'avais toutefois envie de vous la partager pour, qui sait, qu'elle fasse aussi partie de vos traditions les années à venir !

Chaudrons : 1/5
Sabliers : 1/5
Bourses : 1/5

Ingrédients

200 g de farine
100 g de sucre
150 g de beurre (à température ambiante)
4 œufs
1 cuil. à café d'extrait de vanille
4 cuil. à soupe d'eau de fleur d'oranger
1 sachet de levure chimique
1 pincée de sel

Préparation

- Préchauffez votre four à 180°C (th. 6) et beurrez un moule à gâteau.
- Dans un saladier, battez le beurre mou avec le sucre jusqu'à ce que le mélange soit crémeux.
- Ajoutez les œufs un par un, en mélangeant bien après chaque ajout.
- Incorporez l'extrait de vanille et l'eau de fleur d'oranger et mélangez à nouveau.
- Dans un autre récipient, ajoutez la farine, la levure chimique et le sel.
- Ajoutez progressivement les ingrédients secs au mélange liquide en remuant doucement jusqu'à ce que la pâte soit homogène.
- Versez la pâte dans le moule préparé et lissez la surface.
- Enfournez le gâteau dans le four préchauffé pendant 25 à 30 min, ou jusqu'à ce qu'une lame insérée au centre en ressorte propre.
- Laissez le gâteau refroidir quelques minutes avant de le démouler.
- Vous pouvez saupoudrer le gâteau refroidi de sucre glace avant de le servir.

L'info magique

- La fleur d'oranger est mon ingrédient préféré quand il s'agit de mettre un peu de douceur dans la vie des gens qui m'entourent. Dans ma pratique, en cuisine magique, c'est la fleur d'oranger que je vais utiliser pour le réconfort après une journée difficile, pour souhaiter à quelqu'un un peu de « mieux » dans son quotidien, ou pour faire un « câlin culinaire » à mes enfants en en glissant une cuillère dans la pâte à crêpe du goûter. Faire ce gâteau le premier de l'an est une façon d'émettre le souhait d'avoir une année remplie de douceur, pour soi et les personnes avec qui on la partage.
- Alors faisons fi des bonnes résolutions habituelles, mais souhaitons-nous une vie plus douce. Et renouveler ce vœu chaque année, c'est y mettre l'intention qui nous permettra de nous en rappeler les 365 jours suivants. Et si jamais vous avez besoin d'un petit rappel, vous savez où trouver cette recette !

Vos recettes

Imbolc

Un peu d'histoire

Imbolc

Imbolc est un sabbat un peu particulier, un peu moins connu que d'autres au sein de la roue de l'année. Il fait pourtant partie des quatre sabbats majeurs, et revêtait une importance primordiale pour nos ancêtres. Ce sabbat du 1er février, à mi-chemin entre le solstice d'hiver et l'équinoxe de printemps, célèbre la nature qui reprend vie. Il a lieu dans la période des premiers agnelages, donc du retour du lait au sein des foyers, mais aussi lorsque les journées commencent ostensiblement à rallonger, au moment où le froid se fait moins vif, permettant d'aérer les maisons, de nettoyer et de trier les affaires abîmées du fait des rigueurs de l'hiver. Le froid est toujours là, mais les gelées se font plus rares. C'est d'ailleurs souvent à cette période que les sorcières effectuent leur grand ménage de printemps.

Imbolc fait partie des festivals du feu, mais ses célébrations sont discrètes. On symbolise le retour du soleil avec des bougies plutôt qu'avec des brasiers. On se réunit peu en grand nombre : dans le passé parce que les vivres venaient à manquer dans les réserves hivernales, aujourd'hui car c'est davantage une période d'introspection et de repos.

Les perce-neige sortent de terre et donnent un premier aperçu du réveil de la terre, signe annonciateur du printemps qui arrivera sous peu et relancera le cycle des cultures agricoles qui permettront de s'assurer un prochain hiver serein.

On trouve évidemment des célébrations parallèles à des dates proches dans d'autres cultures, mais plus que tout... Imbolc est le sabbat consacré à la déesse Brigit. Le 1er février porte même parfois littéralement le nom de « jour de Brigit ».

Il serait trop long de présenter en détail cette déesse, parfois vue comme une déesse triple, parfois une. Elle est vénérée particulièrement en Irlande, où un temple de la flamme sacrée lui est encore dédié à Kildare, mais elle est honorée dans bien d'autres contrées anglo-saxonnes et gauloises. (Si vous souhaitez en découvrir plus sur cette divinité bien plus complexe qu'elle ne le laisse supposer au départ, n'hésitez pas à jeter un coup d'œil à la bibliographie à la fin de ce livre.)

Brigit, fille de Dagda, le « dieu bon », membre des Tuatha Dé Danann, la tribu des dieux de la mythologie irlandaise, déesse des arts et de la poésie, du feu, de la guerre, de la magie et de la médecine, est mise à l'honneur lors du sabbat d'Imbolc, car elle est aussi la déesse des naissances. À Imbolc, on la remercie pour la naissance des agneaux et veaux qui renouvellent les troupeaux ; les femmes la prient ou la remercient pour les grossesses et les naissances futures.

Son importance est telle que, lors de la christianisation des pays païens, n'arrivant pas à se débarrasser d'une figure si bienveillante et aimée, l'Église la transforma en « sainte Brigitte » afin qu'un culte continue de lui être dédié, mais encadré par les nouveaux préceptes.

Son histoire très riche a traversé les siècles, et bon nombre de symboles dédiés de ce sabbat sont en lien avec elle.

L'art de la table

Parce que c'est une célébration paisible, on associe à Imbolc des couleurs plutôt douces et des décorations de table plutôt simples : du **blanc** symbolisant la pureté, la neige et le froid, et du **jaune** pour représenter le soleil. Que ce soit pour la nappe ou le choix de la vaisselle, on restera sur cette gamme sobre de couleurs, ce qui n'empêche pas de disposer sur sa table des symboles forts de ce sabbat.

- Une **nappe blanche** peut aussi faire écho au rituel du « manteau de Brigit ». La coutume est, en effet, de laisser dehors un manteau ou un morceau de tissu la nuit précédant Imbolc : ils seront bénis par la déesse qui leur confèreront des pouvoirs de guérison pendant les douze mois à venir.

✦

- Posez des **bougies** pour illuminer la table et, encore une fois, appeler le retour du soleil. Décorez les lieux de représentations d'**animaux de la ferme**, principalement de jeunes bêtes, symboles de renaissance et de fécondité. Pour la décoration végétale, on peut déposer sur sa table les premiers **cro-**

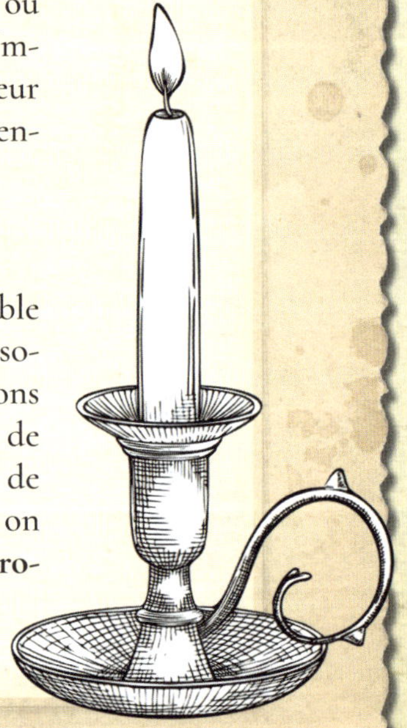

cus et les premières **jonquilles**, qui l'embelliront de leurs belles couleurs et porteront le symbole du printemps naissant.

Utilisez évidemment le symbole le plus connu de ce sabbat, **la croix de Brigit**. Vous pouvez vous atteler à sa confection avec divers matériaux, même si de façon traditionnelle elle est faite avec des roseaux frais ou du jonc trempé.

Même si, afin de protéger son foyer, il est coutume d'accrocher la croix de Brigit au-dessus de sa porte d'entrée, ce symbole sur votre table de fête sera une belle offrande à la déesse.

✦

- Enfin, vous pouvez déposer sur votre table la **carte de l'Étoile** du tarot. Symbole nourricier de la terre mère, c'est également un message de sérénité et d'espoir.

Il ne vous reste alors plus qu'à remplir les assiettes !

Topinambour
Choux
Céleri
Poireau
Oignon
Citro
Clémentine
Orange

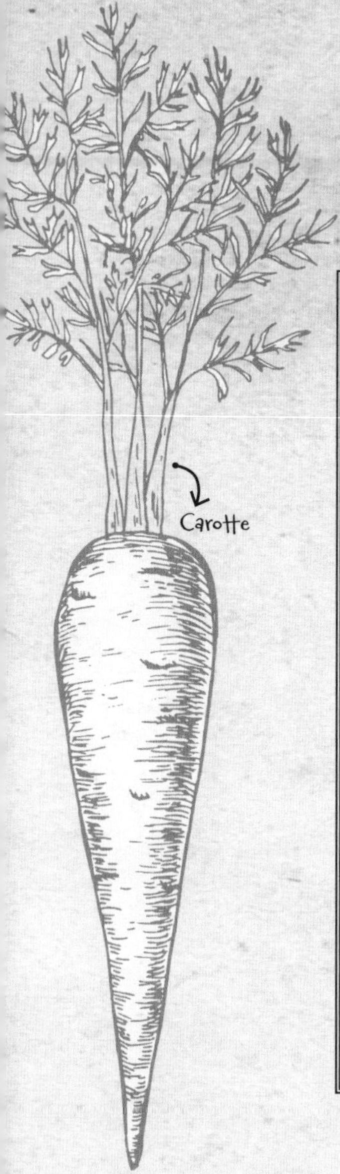

Les recettes

L'hiver touche à sa fin, mais le printemps n'est pas encore là.

✦

C'est la période où l'on commence à tourner en rond avec nos légumes-racines et nos fruits d'hiver… Pourtant, nous avons toujours autant besoin de réconfort et d'un bon plat pour réchauffer le corps et l'esprit. Aussi utilisons-nous plus d'épices, plus de laitages, pour rendre gourmandes et originales nos assiettes hivernales.

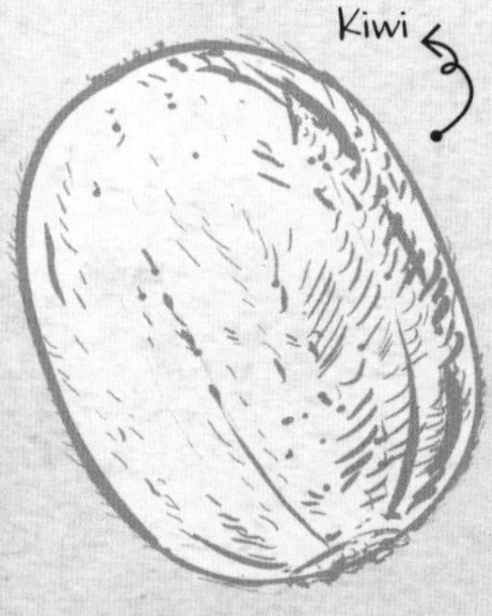

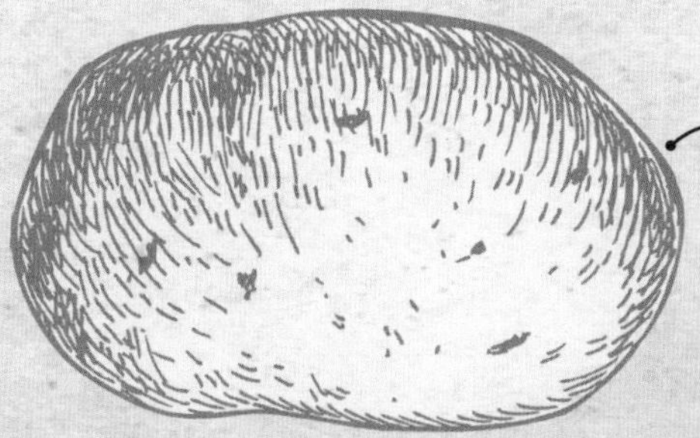

Salade de pommes de terre
à la moutarde à l'ancienne

Chaudrons : 1/5
Sabliers : 2/5
Bourses : 1/5

Ingrédients
(pour 4 personnes)

1 kg de pommes de terre (plutôt une variété à chair ferme)
3 cuil. à soupe de moutarde à l'ancienne
2 cuil. à soupe de vinaigre de cidre
6 cuil. à soupe d'huile d'olive
1 oignon rouge, finement haché
3 cuil. à soupe de cornichons, coupés en petits dés
Ciboulette fraîche ou surgelée (mais pas séchée, car elle est très amère), finement hachée
Sel, poivre

Préparation

- Dans une grande casserole, faites cuire les pommes de terre lavées dans de l'eau salée jusqu'à ce qu'elles soient tendres, mais encore fermes. Cela prend 15 à 20 min environ.
- Pendant que les pommes de terre cuisent, préparez la vinaigrette. Dans un bol, mélangez la moutarde à l'ancienne, le vinaigre de cidre et l'huile d'olive. Salez, poivrez.
- Une fois les pommes de terre cuites, égouttez-les et laissez-les refroidir légèrement, puis coupez-les en morceaux. Vous pouvez choisir de laisser la peau en fonction de votre goût ou de la qualité des patates.
- Dans un saladier, mélangez les pommes de terre tièdes avec la vinaigrette.
- Ajoutez l'oignon rouge, la ciboulette et les cornichons. Mélangez délicatement pour bien enrober tous les ingrédients de vinaigrette.
- Placez la salade au réfrigérateur au moins 1 h pour permettre aux saveurs de se mélanger.

L'info magique

- La pomme de terre est un des ingrédients de base de connexion à la terre, elle illustre en outre cette période de l'année où l'on se nourrissait des vivres capables de se conserver l'hiver, à l'abri dans les greniers. L'utilisation de la moutarde à l'ancienne a une symbolique similaire. Les graines de moutarde se conservent de nombreux mois, voire de nombreuses années, dans du vinaigre. Ses petits grains sont également un appel à l'arrivée d'Ostara, en faisant référence aux graines que l'on plantera à l'arrivée du printemps.
- Bref, voici une recette qui montre que, malgré la frugalité de l'hiver, le printemps est au bout du chemin. En attendant, cette délicieuse recette tiendra au corps tout en étant d'une facilité effarante.

SOLSONA

Betterave rôtie
aux noix, vinaigre balsamique et chèvre frais

Chaudrons : 2/5
Sabliers : 2/5
Bourses : 2/5

Ingrédients
(pour 1 personne)

1 betterave entière, lavée et épluchée
½ tasse de noix, grossièrement concassées
100 g de fromage de chèvre frais
2 cuil. à soupe de vinaigre balsamique
3 cuil. à soupe d'huile d'olive extra vierge
Sel, poivre

Conseil

Les ingrédients sont donnés pour une personne. À vous de les adapter au nombre de vos invité·e·s (1 betterave, une personne) !

Préparation

- Préchauffez le four à 200 °C (th. 6-7).
- Lavez et épluchez la betterave.
- Disposez la betterave sur une plaque de cuisson recouverte de papier sulfurisé, arrosez-la avec 2 cuil. à soupe d'huile d'olive ; salez, poivrez à votre goût.
- Enfournez la betterave au four préchauffé, emballez-la dans une feuille de papier aluminium, et faites-la rôtir 30 à 40 min, ou jusqu'à ce qu'elle apparaisse tendre lorsque vous la piquez avec une fourchette.
- Pendant ce temps, dans une poêle, faites griller les noix à feu moyen jusqu'à ce qu'elles soient dorées. Remuez fréquemment pour éviter qu'elles ne brûlent.
- Une fois la betterave rôtie, sortez-la du four et laissez-la refroidir légèrement.
- Déposez la betterave sur une assiette et coupez-la en 4 pour l'ouvrir comme une fleur.
- Émiettez le fromage de chèvre frais au cœur de la betterave rôtie.
- Arrosez la betterave et le chèvre avec le vinaigre balsamique.
- Saupoudrez de noix grillées.

L'info magique

- La betterave est un légume-racine qui peut se conserver quelque temps. C'était un allié de choix dans les greniers de fin d'hiver. Sa couleur rose est réputée pour attirer l'argent et la beauté.
- C'est donc une recette parfaite pour la saison, car la betterave est encore facile à trouver « fraîche », et l'ajout de fromage de chèvre apporte la douceur des produits laitiers, importante à Imbolc, mais c'est aussi une recette qu'on peut préparer pour un dîner en amoureux·ses, ou pour travailler la magie du glamour.

Quiche poireau-oignon rouge au fromage de brebis

Chaudrons : 3/5 Sabliers : 2/5 Bourses : 2/5

Ingrédients

(pour 6 personnes)

Pour la pâte brisée

200 g de farine
100 g de beurre froid, coupé en petits dés
1 pincée de sel
Eau froide (environ 4 à 6 cuil. à soupe)
(Ou une pâte toute prête à dérouler ! Ce qui réduirait le niveau de difficulté de cette recette !)

Pour la garniture

2 poireaux, nettoyés et émincés
1 oignon rouge, coupé en rondelles
150 g de fromage de brebis
3 œufs
200 ml de crème fraîche
200 ml de lait
huile d'olive
Sel, poivre

Préparation

▪ pâte brisée

• Dans un grand bol, mélangez la farine et le sel.
• Ajoutez le beurre froid et mélangez du bout des doigts jusqu'à obtenir une texture sablonneuse.
• Ajoutez progressivement de l'eau froide, 1 cuil. à soupe à la fois, en mélangeant, jusqu'à ce que la pâte forme une boule. Ne travaillez pas trop la pâte.
• Enveloppez la pâte dans un film plastique et réfrigérez au moins 30 min.

▪ quiche

• Préchauffez le four à 180 °C (th. 6).
• Abaissez la pâte brisée sur une surface légèrement farinée et placez-la dans un moule à tarte préalablement beurré. (Ou déroulez votre pâte toute prête !)
• Piquez le fond de tarte avec une fourchette et précuisez-le au four 10 min environ.
• Pendant ce temps, dans une poêle, faites revenir les poireaux dans un peu d'huile d'olive jusqu'à ce qu'ils soient tendres.
• Dans un bol, battez les œufs, puis ajoutez la crème fraîche, le lait, le sel et le poivre.
• Mélangez bien.
• Ajoutez les poireaux dans le mélange aux œufs et mélangez à nouveau.
• Versez cette préparation sur le fond de tarte précuit.
• Déposez ensuite sur le dessus des rondelles d'oignon rouge, ainsi que le fromage de brebis émietté ou coupé en dés.
• Enfournez la quiche et faites cuire 30 à 35 min, ou jusqu'à ce que la quiche soit dorée et que la garniture soit prise.
• Servez-la chaude, tiède ou froide. Elle se conservera parfaitement au frigo 2 ou 3 jours... Mais il y a peu de chance qu'il en reste !

L'info magique

- Le poireau, en cuisine magique, est un ingrédient, tout comme l'oignon, dédié à la protection. En plus d'être un légume de saison, il vous accompagne dans le renouvellement des protections que vous pouvez réaliser si vous effectuez un grand nettoyage au moment d'Imbolc. Ce légume qui pousse en majorité sous la terre symbolise la résistance dont on doit faire preuve pendant l'hiver.
- L'ajout de fromage de brebis est une belle façon d'attirer la douceur dans votre foyer et de rendre hommage à ce sabbat célébrant les premières naissances grâce auxquelles le lait était de nouveau disponible pour les foyers.

Cobbler
aux légumes rôtis à la bière brune

Chaudrons : 3/5 Sabliers : 3/5 Bourses : 2/5

Ingrédients
(pour 6 personnes)

3 belles pommes de terre, épluchées et coupées en gros cubes
2 carottes, coupées en rondelles
2 poireaux, lavés et coupés en rondelles
200 g de champignons, tranchés
2 gousses d'ail, hachées
1 oignon, haché
1 tasse de bière brune
2 cuil. à soupe de farine
2 tasses de bouillon de légumes
2 cuil. à soupe d'huile d'olive
Sel, poivre
Thym, romarin, origan

Pour la pâte à cobbler

1 tasse de farine
1 cuil. à soupe de sucre
1 cuil. à soupe de levure chimique
½ cuil. à café de sel
½ tasse de beurre, coupé en petits morceaux
½ tasse de lait

Conseil

L'avantage de cette recette, c'est qu'elle peut être réalisée avec tous types de légumes d'hiver. Des panais, de la courge, des navets… N'hésitez pas à utiliser ce que vous trouvez près de chez vous, peut-être même vos propres légumes si vous avez la joie d'avoir un potager !

Préparation

▪ garniture de légumes mijotés

• Dans une grande poêle, chauffez l'huile d'olive à feu moyen.
• Ajoutez l'oignon et faites-le revenir jusqu'à ce qu'il soit translucide.
• Ajoutez les carottes, les poireaux, les pommes de terre, les champignons et l'ail. Faites sauter pendant quelques minutes jusqu'à ce que les légumes commencent à ramollir.
• Saupoudrez de farine les légumes et mélangez pour bien les enrober.
• Versez la bière brune et remuez jusqu'à ce que la bière soit légèrement réduite.
• Ajoutez le bouillon de légumes, les herbes, le sel et le poivre. Laissez mijoter à feu doux pendant une bonne demi-heure, ou jusqu'à ce que les légumes soient tendres et la sauce épaissie.

▪ pâte à cobbler

• Dans un bol, mélangez la farine, le sucre, la levure chimique et le sel.
• Ajoutez le beurre coupé en morceaux et travaillez le mélange du bout des doigts jusqu'à ce qu'il ressemble à de la chapelure.
• Ajoutez le lait et remuez jusqu'à obtenir une pâte homogène.

▪ assemblage

• Préchauffez le four à 200 °C (th. 6-7).
• Transférez la garniture de légumes mijotés dans un plat de cuisson allant au four.
• Déposez des cuillerées de pâte à cobbler sur les légumes.
• Enfournez le cobbler au four préchauffé 20 à 25 min, ou jusqu'à ce que la pâte soit dorée.
• Servez bien chaud.

L'info magique

• Le cobbler est une recette de pâtisserie traditionnelle américaine. Il est souvent cuisiné en fin d'été avec des pêches et servi avec une boule de glace. J'ai imaginé cette version salée en m'inspirant de la dumpling soup, recette ancestrale des pays anglo-saxons considérée comme un repas de pauvre. J'aime cette idée de créer une recette simple, économique, parfaite pour une grande famille en plein hiver. L'utilisation de la bière brune est encore une fois un hommage aux origines celtes de cette célébration, car c'est en Irlande que fut créée la bière brune la plus célèbre du monde, mais également parce que j'aime que mes recettes soient complémentaires les unes avec les autres. Si dans la précédente le poireau et l'oignon sont de bons ingrédients liés à la protection, la bière, elle, est un ingrédient lié intimement à la purification !

Soupe de lentilles
à la crème fraîche

Chaudrons : 2/5
Sabliers : 2/5
Bourses : 1/5

Ingrédients
(pour 4 personnes)

1 tasse de lentilles vertes, rincées et égouttées
1 oignon, haché
1 l de bouillon de légumes
1/2 pot de crème fraîche épaisse
2 cuil. à soupe d'huile d'olive
Sel, poivre

Préparation

- Dans une grande casserole, faites chauffer l'huile d'olive à feu moyen.
- Ajoutez l'oignon et faites-le sauter quelques minutes jusqu'à ce qu'il commence à ramollir.
- Salez, poivrez.
- Ajoutez les lentilles et le bouillon de légumes. Portez à ébullition, puis réduisez le feu et laissez mijoter à feu doux 25 à 30 min, ou jusqu'à ce que les lentilles soient tendres.
- Utilisez un mixeur plongeant pour mixer partiellement la soupe et obtenir une texture plus rustique.
- Ajoutez la crème fraîche et remuez bien. Laissez mijoter encore quelques minutes pour réchauffer la soupe.
- Il n'y a plus qu'à servir et à déguster !

L'info magique

- La magie de la cuisine réside parfois simplement dans le réconfort qu'apporte le souvenir d'une recette. Je pourrais encore vous parler du lien à la terre et à la prospérité des lentilles, à l'utilisation des produits laitiers, adaptés au sabbat d'Imbolc, mais j'ai choisi de vous parler de ce que cette recette représente pour moi.
- Petite fille, en famille, nous sommes partis passer un week-end à la montagne. Il neigeait trop fort pour aller dîner dans un restaurant que nous avions sélectionné, nous sommes allés manger dans le petit resto au pied du logement où nous dormions. Dans mon souvenir, cet endroit, c'est tout ce que j'aime en cuisine. Un repas unique pour tout le monde, cuisiné avec amour et générosité, avec des produits simples et accessibles.
- La dame qui tenait le restaurant nous a apporté un bol de soupe de lentilles, épaisse, crémeuse, rassasiante, revigorante... J'ai conservé un souvenir si vivace de la douceur de cette soupe sur ma langue, du gros pull que je portais, de la neige qui tombait à gros flocons dehors, que c'est resté une de mes recettes simples de l'hiver. Elle illustre en même temps exactement la frugalité des ingrédients de la fin d'hiver, tout en étant particulièrement généreuse.

Pancakes au lait Ribot

Chaudrons : 2/5 Sabliers : 2/5 Bourses : 2/5

Ingrédients

(pour 4 personnes)

165 g de farine
1 cuil. à soupe de sucre en poudre
1 ½ cuil. à café de levure chimique
½ cuil. à café de bicarbonate de soude
1 sachet de sucre vanillé
1 pincée de sel
360 g de lait Ribot ou de lait fermenté
1 œuf moyen
30 g de beurre fondu

Remarque

Vous proposer une recette de crêpes pour Imbolc aurait été beaucoup trop facile. J'ai choisi de vous offrir ma recette la plus secrète. Celle qui orne la table de nos petits déjeuners en famille chaque dimanche. Je n'ai jusqu'à présent jamais diffusé cette recette. J'espère qu'elle ravira vos estomacs autant que le mien et ceux de toutes les personnes qui ont déjà eu la gentillesse de partager ma table le dimanche matin.

Préparation

- Dans un grand bol, mélangez les ingrédients secs.
- Creusez un puits dans les ingrédients secs et ajoutez le lait Ribot, l'œuf et le beurre. Fouettez le tout jusqu'à ce que le mélange soit homogène.
- Préchauffez une poêle ou une plaque chauffante à feu moyen à doux. Badigeonnez légèrement de beurre.
- Versez ou utilisez une louche pour déposer la pâte sur la poêle. Formez les pancakes de la taille de votre choix (plein ou un gros par personne…).
- Faites cuire jusqu'à l'apparition de bulles à la surface, jusqu'à ce que le dessous du pancake soit légèrement doré et que les bords commencent à paraître secs. Retournez et faites cuire 1 à 2 min supplémentaires jusqu'à ce que l'autre côté soit légèrement doré.
- Servez chaud, avec de la confiture, du sirop d'érable, du miel, ou, pour ceux et celles qui ont une « dent salée », du fromage, des œufs au plat, ou simplement un peu de beurre.

L'info magique

- Les crêpes sont un symbole de lumière et de renaissance. Leur forme ronde représente le soleil, et leur couleur dorée symbolise la lumière du printemps qui revient. On retrouve ces caractéristiques chez son frère d'outre-Atlantique, le *pancake*.
- J'aime particulièrement cette recette, car le lait Ribot, qui est un lait fermenté, comme le yaourt, est un ingrédient parfait pour stimuler la spiritualité et créer un lien fort avec l'invisible. De plus, la combinaison du lait Ribot et du bicarbonate en fait des pancakes extrêmement gonflés et moelleux, ce qui correspond bien au côté réconfortant que l'on cherche lors de la célébration d'Imbolc.

Crème aux oeufs à la vanille

Chaudrons : 3/5
Sabliers : 3/5
Bourses : 2/5

Ingrédients
(pour 4 personnes)

500 ml de lait
4 œufs
1 gousse de vanille
50 g de sucre

Préparation

- Ouvrez la gousse de vanille, grattez les grains, et mettez-les avec la gousse dans une casserole avec les 500 ml de lait.
- Faites doucement chauffer le lait avec la vanille. Dès qu'il commence à frémir, coupez le feu et laissez la vanille infuser une trentaine de minutes.
- Pendant ce temps, fouettez les œufs avec le sucre.
- Préparez un grand plat avec un fond d'eau (il servira de bain-marie) et déposez des ramequins dans le plat (1 par personne).
- Préchauffez le four à 180 °C (th. 6).
- Une fois le lait bien infusé, retirez la gousse, versez-le sur les œufs battus en mélangeant, puis répartissez le mélange dans les ramequins. Mettez le grand plat contenant les ramequins au four, et laissez les crèmes cuire une trentaine de minutes.
- Enfin, laissez complètement refroidir les ramequins avant de les placer au frigo. Ces petites crèmes aux œufs se conservent 3 à 4 jours.

L'info magique

- Pour moi, Imbolc est un sabbat tout en douceur, où l'on prend soin de soi plus que des autres pour une fois ! Rien de mieux qu'un dessert bien régressif pour se réconforter.
- La vanille, symbole de douceur et d'amour en cuisine magique, est un ingrédient que je lie à ce sabbat.
- Le lait, comme tous les produits laitiers, est un des ingrédients phares d'Imbolc.
- Cette recette est donc pour moi le « combo parfait » pour finir un repas de célébration de ce sabbat !

Mini soda breads,
petits pains express irlandais prêts en 5 min

Chaudrons : 1/5
Sabliers : 1/5
Bourses : 1/5

Ingrédients

(pour 5 ou 6 petits pains)

200 g de farine blanche type T55
200 g de farine complète
1 cuil. à café de bicarbonate de soude
½ cuil. à café de sel
300 ml de lait Ribot ou de lait fermenté
Un peu de farine pour saupoudrer la plaque

Préparation

- Préchauffez le four à 220 °C (th. 7-8). Placez une plaque de cuisson dans le four pour la préchauffer également.
- Dans un grand bol, mélangez les deux types de farine, le bicarbonate de soude et le sel.
- Faites un puits au centre du mélange. Ajoutez le lait Ribot (ou le lait fermenté) et mélangez rapidement avec une cuillère en bois jusqu'à ce que la pâte soit juste combinée. Assurez-vous de ne pas trop mélanger.
- Saupoudrez un peu de farine sur une surface de travail. Déposez la pâte sur la surface farinée et façonnez-la rapidement en une boule.
- Divisez la boule de pâte en plusieurs petites boules pour créer des mini soda breads.
- Retirez la plaque de cuisson chaude du four et saupoudrez-la légèrement de farine. Placez les petites boules de pâte sur la plaque, en les espaçant légèrement.
- Utilisez un couteau pour faire une légère incision en forme de croix sur le dessus de chaque pain.
- Enfournez et faites cuire 15 à 20 min, ou jusqu'à ce que les pains soient dorés.
- Laissez refroidir légèrement avant de servir.

L'info magique

- Le *soda bread* est mon incontournable des repas d'Imbolc. C'est un pain généreux, avec une belle mie, parfaite pour les plats en sauce. De plus, du fait du lien entre la déesse Brigit et ce sabbat, j'aime élaborer des recettes issues des terres celtes. Ce pain irlandais est donc un souvenir, pour moi, de la célébration originelle de cette fête du cœur de l'hiver.
- Qui plus est, la recette se prête parfaitement au dessin des sigils ou des symboles magiques sur le pain avant de l'enfourner !

Vos recettes

Ostara

Un peu d'histoire

Ostara

Ostara est le sabbat mineur de l'équinoxe de printemps. Encore une fois, même si la date astronomique varie d'année en année, ce sabbat est communément célébré le 20 ou le 21 mars en fonction du calendrier.

Le printemps est synonyme d'explosion foisonnante de la nature. Les fleurs nous inondent de leurs couleurs, les légumes commencent à être semés sans risquer le gel, certains commencent même doucement à sortir de terre.
La fécondité est partout, des petites graines qui éclosent aux lièvres qui entament leur saison des amours.

Contrairement aux autres sabbats, il n'y a pas de traces de célébrations liées à cet équinoxe dans les anciennes cultures païennes. Son apparition « officielle » est bien plus récente, avec Gerald Gardner qui a intégré ce dernier sabbat à la roue de l'année wiccane en lui donnant le nom d'une supposée déesse du printemps germanique, Éostre. Les sources à ce sujet divergent énormément, et n'ayant pas envie de me lancer dans une thèse historique, je préfère vous dire que même s'il n'y a pas de traces sourcées de ces célébrations anciennes, le printemps en tant que tel était attendu et accueilli dans de nombreuses cultures.

Des Mexicains aux Amérindiens, en passant par les Cambodgiens ou les Cornouaillais, on trouve chez eux de nombreux sites sacrés qui permettaient, grâce à la construction de monuments ou des alignements de pierres, de voir, sans équivoque, le passage du soleil lors de l'équinoxe. C'était une occasion pour eux de remercier les dieux pour le retour de la fertilité de la terre liée à l'arrivée de cette saison.

Il y a d'ailleurs énormément de cultes à des divinités de tous les panthéons liés au printemps. Ce sont également souvent des divinités en lien avec la fertilité ou la sexualité. Ce qui montre bien l'aspect de réveil, de régénération du printemps, tant sur la terre que chez l'homme. Perséphone qui quitte les Enfers et revient faire naître le printemps, Freya, qui revient sur terre, Gaïa qui se réveille, Osiris qui sème les futures récoltes, ou Pan qui retourne parcourir les bois une fois le dégel terminé…

Ostara, c'est la fête de la fertilité sous toutes ses formes. Si vous jardinez, il est temps de planter vos graines pour vos récoltes estivales. C'est aussi le moment de planter vos « graines métaphysiques ». Ce projet que vous mûrissez depuis le début de la saison sombre ? Il est temps d'entrer en action. Cette envie de renouer avec la nature après avoir été enfermé·e tout l'hiver ? Enfilez vos chaussures de rando et allez marcher dans les bois pour vous émerveiller du réveil de la nature. La saison des amours est aussi valable pour nous, c'est le bon moment pour voir votre vie sentimentale sous un jour nouveau.

L'art de la table

Les symboles liés à la célébration d'Ostara ne vous sembleront pas surprenants, car ils sont très proches de ceux de la fête chrétienne de Pâques, qui célèbre la résurrection de Jésus. C'est donc encore une fois un moment de renouveau, de réveil, au printemps. Si la période n'est pas tout à fait la même, la faute en revient au calendrier grégorien, mais les dates demeurent proches, avec en général un écart d'une dizaine de jours à peine.

Le calendrier grégorien est le calendrier que nous utilisons actuellement, et qui a remplacé le calendrier julien en 1582 en France. On l'appelle le calendrier solaire, car il a été mis en place par le pape Grégoire XIII afin que les dates suivent le rythme de la rotation naturelle de la terre. À l'inverse, certains calendriers, comme le calendrier islamique, sont appelés calendriers lunaires, car ils se basent sur le rythme de la Lune. Les mois n'ont donc pas la même durée.
Les calendriers grégorien et julien ne sont pas les premiers mis en place, on trouve un grand nombre de calendriers différents à travers l'histoire, et ce, depuis -3000 avant J.C., comme le calendrier aztèque ou le calendrier romain.
De nos jours, c'est tout de même le calendrier grégorien qui est celui qui est utilisé en majorité à travers le monde.

- Dans la préparation de votre table de fête, utilisez des couleurs douces et printanières, que ce soit pour la nappe ou la vaisselle. Le **blanc**, le **rose** (l'amour), le **bleu** (le calme), le **jaune** (le soleil), le **vert** (la fertilité), dans des tons pastel.

- L'**œuf** est bien entendu au cœur de ce sabbat car, dans toutes les cultures et à toutes les époques, c'est le symbole de la fécondité et de la fertilité par excellence. La légende de la déesse Éostre ou du lapin de Pâques peut inspirer la décoration des œufs à déposer sur votre table. Les peindre ou colorer de teintures végétales est une activité agréable, seul.e ou avec des enfants, et prépare les esprits à la fête.

✦

- Au cours de vos promenades, cueillez et composez de petits **bouquets de fleurs** sauvages : pâquerettes, fleurs de pommier, jonquilles, mimosa… Vous n'avez que l'embarras du choix et se référer au langage des fleurs permet d'ajouter des intentions supplémentaires à la décoration de votre table. Vous pouvez opter pour des fleurs en pot.

✦

- De petites figurines de **lapins** ou **d'oiseaux** seraient aussi totalement adaptées.

✦

- Enfin, si vous décidez de cuisiner du pain ou de la **brioche**, leur aspect gonflé sera un bel hommage à la fécondité. Tressez-les en couronne, ou décorez-les à la lame pour en faire une belle décoration de table comestible.

Endives
Fèves
Kiwi
Oignon nouveau
Fenouil
Radis
Poire
Pomme
Feuille d'épinard

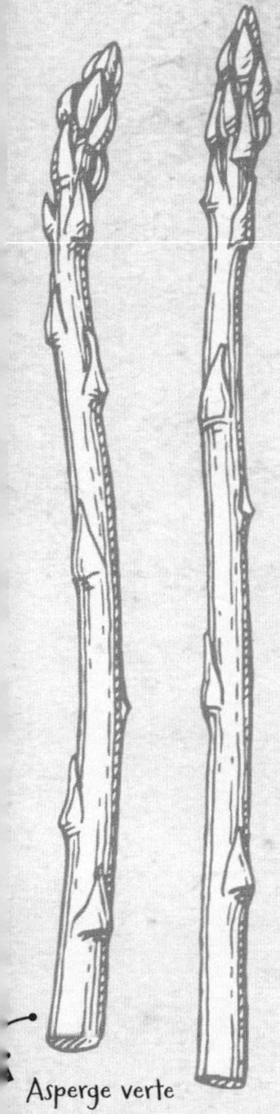

Les recettes

Le printemps est là ! Il fait encore un peu frais
pour les pique-niques, mais le soleil se montre moins discret, on trouve enfin quelques nouveaux légumes qui sortent de terre.

✦

Tout cela donne envie de retrouver cette fraîcheur dans l'assiette, même si les températures ne sont pas encore au mieux de leur forme.
À nous de naviguer entre plats chauds et réconfortants et verdure saisonnière !

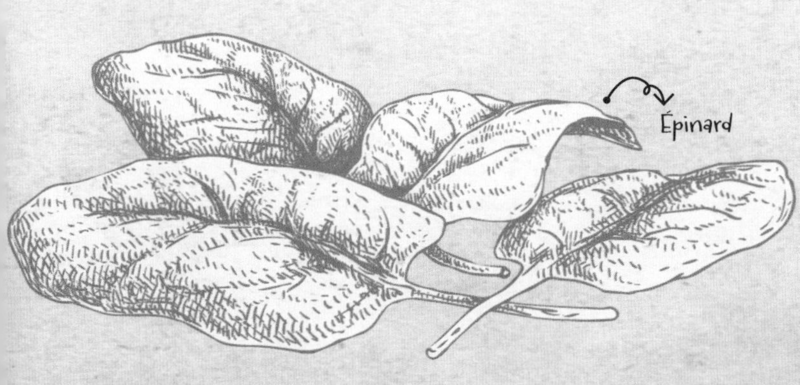

Œufs durs, cresson, mayonnaise

Ingrédients
(pour 4 personnes)

6 œufs durs, épluchés et coupés en rondelles
1 tasse de cresson, lavé et égoutté
½ tasse de mayonnaise
Une dizaine de tranches de pain de mie
Sel, poivre

Conseil

Lavez le cresson très soigneusement, car c'est une plante qui pousse dans le sable, et des grains peuvent rester malgré un premier nettoyage. Honnêtement, le sable, ce n'est pas très agréable sous la dent !

Préparation

- Dans un bol, écrasez légèrement les rondelles d'œuf dur à la fourchette. Salez, poivrez à votre goût.
- Ajoutez le cresson dans le bol et mélangez bien pour répartir les ingrédients.
- Ajoutez la mayonnaise et remuez jusqu'à ce que les œufs et le cresson en soient bien enrobés. Ajustez la quantité de mayonnaise pour parvenir à la consistance désirée.
- Déposez les tranches de pain de mie sur une assiette.
- Étalez une généreuse portion de la préparation aux œufs durs et au cresson sur la moitié des tranches de pain de mie.
- Placez l'autre moitié des tranches de pain de mie par-dessus pour former des sandwichs.
- Appuyez légèrement pour sceller les sandwichs.
- Coupez les sandwichs en deux, ou en quatre pour créer des mini-sandwichs si vous le souhaitez.
- Servez immédiatement ou réfrigérez jusqu'au moment de servir.

L'info magique

- Les œufs sont un élément important d'Ostara. Ils symbolisent la renaissance et la fertilité. L'œuf est un symbole de la potentialité et de la possibilité. Ces sandwichs sont intéressants car l'œuf y est présent sous deux espèces : eh oui, l'ingrédient de base de la mayonnaise, en plus de l'huile, c'est l'œuf !
- Le cresson est lui aussi un symbole de fertilité.
- Tous deux sont donc des ingrédients parfaits pour un buffet d'Ostara et, surtout, pour les premiers pique-niques célébrant l'arrivée du printemps. Enfin, à titre personnel, ils me font penser au *tea time* anglais : de temps en temps, j'adore accompagner mon thé de scones, de petits sandwichs et d'une bonne compagnie. Un petit rituel en somme !

Roulé d'omelette rose au fromage frais

Chaudrons : 1/5
Sabliers : 1/5
Bourses : 1/5

Ingrédients

(pour 2 personnes)

4 œufs
2 cuil. à soupe de lait
Betterave crue (pour la purée, à quantifier selon la couleur rose désirée)
100 g de fromage frais
Sel, poivre
Ciboulette ou fines herbes (facultatif, pour la garniture)

Préparation

▪ purée de betterave

- Épluchez et coupez la betterave crue en petits morceaux.
- Faites cuire les morceaux de betterave dans de l'eau bouillante jusqu'à ce qu'ils soient tendres. Cela peut prendre 15 à 20 min.
- Égouttez les morceaux de betterave cuits et laissez-les refroidir légèrement.
- Placez les morceaux de betterave dans un mixeur ou un robot culinaire. Mixez jusqu'à obtenir une purée lisse. Ajouter un peu d'eau si nécessaire pour atteindre la consistance désirée.
- Mesurez la quantité nécessaire de purée de betterave pour obtenir la couleur rose souhaitée dans la préparation de l'omelette.

▪ omelette

- Cassez les œufs dans un bol et battez-les.
- Ajoutez le lait et la purée de betterave dans les œufs battus. Mélangez bien jusqu'à obtenir une préparation homogène et la couleur rose désirée.
- Préparez une poêle rectangulaire pour tamagoyaki, ou une poêle à crêpes. Graissez-la légèrement avec de l'huile ou du beurre.
- Versez une petite quantité de la préparation d'œufs dans la poêle chaude. Inclinez la poêle pour répartir uniformément la pâte sur toute la surface. Lorsque la première couche est cuite mais encore un peu liquide sur le dessus, roulez-la délicatement d'une extrémité de la poêle à l'autre à l'aide d'une spatule.

- Graissez à nouveau la poêle et versez une autre petite quantité de la préparation pour recouvrir la partie non cuite de la poêle. Laissez cuire jusqu'à ce que la nouvelle couche soit encore légèrement liquide sur le dessus et roulez-la avec la première couche cuite.
- Répétez le processus jusqu'à ce que toute la préparation soit utilisée, en veillant à former un rouleau compact.
- Lorsque le rouleau est cuit, retirez-le de la poêle et laissez-le refroidir légèrement.
- Une fois refroidi, déroulez délicatement le rouleau et étalez le fromage frais sur toute la surface.
- Enroulez de nouveau l'omelette avec le fromage frais à l'intérieur.
- Si vous le souhaitez, ajoutez au fromage frais de la ciboulette ou des fines herbes.
- Réfrigérez le roulé un moment pour qu'il se raffermisse avant de le couper en tranches.

L'info magique

- Cette recette est inspirée d'une partie du monde bien loin des territoires sur lesquels je vous entraîne habituellement. Cependant, à titre personnel, je suis une grande amoureuse de la cuisine asiatique. Elle influence donc souvent ma façon de cuisiner. J'aime beaucoup cette recette car refaire encore et encore des « couches » d'omelette est très symbolique du cycle et du renouveau d'Ostara. La couleur rose, apportée par la betterave, fait le lien avec la douceur du moment et la beauté de toutes les fleurs qui éclosent à cette période de l'année. Le fromage frais renforce cette idée de douceur, et l'ajout d'herbes aromatiques de votre choix vous permet d'ajouter une intention à ce plat : un peu de basilic pour attirer l'argent, de la ciboulette pour la protection, un peu de thym ou de sauge pour la santé... Les combinaisons sont infinies !

Pâtes fraîches au pesto de fanes de radis et amandes

Chaudrons : 2/5
Sabliers : 2/5
Bourses : 2/5

Ingrédients

(pour 4 personnes)

300 g de pâtes fraîches
Les fanes d'une botte de radis, lavées et égouttées
3 cuil. à soupe d'amandes effilées, grillées
2 cuil. à soupe de parmesan râpé
2 gousses d'ail, pilées
Le jus d'un demi-citron
3 cuil. à soupe d'huile d'olive extra vierge
Sel et poivre

Conseil

Vous pouvez ajouter sur votre assiette de pâtes un œuf dur ou mollet pour un repas plus gourmand !

Préparation

- Dans un robot, combinez les fanes de radis, les amandes, le parmesan, l'ail et le jus de citron. Hachez ces ingrédients grossièrement.
- Ajoutez l'huile d'olive en filet continu tout en continuant à pulser jusqu'à obtenir une consistance de pesto lisse.
- Salez, poivrez et réservez.
- Faites cuire les pâtes dans une grande casserole d'eau salée selon les instructions sur l'emballage.
- Pendant la cuisson des pâtes, réchauffez le pesto dans une petite casserole à feu doux.
- Égouttez les pâtes, en réservant une petite quantité d'eau de cuisson.
- Mélangez les pâtes cuites avec le pesto de fanes de radis et amandes. Si nécessaire, ajoutez un peu d'eau de cuisson réservée pour obtenir une consistance de sauce plus lisse.
- Servez les pâtes fraîches au pesto, garnies éventuellement de parmesan supplémentaire et d'amandes effilées.

L'info magique

- En cuisine magique, on essaye, en plus d'utiliser en majorité des ingrédients de saison, de réduire le volume des déchets le plus possible. L'utilisation de ces fanes est déjà un bel hommage à la nature en évitant que cette partie non consommée d'une botte de radis termine à la poubelle. Qui plus est, cette recette a de belles vertus de protection, grâce à l'ail et au radis, mais aussi un lien à la fécondité grâce aux amandes, ce qui fait totalement sens pour le sabbat du printemps.

Salade bretonne
express aux haricots blancs

Chaudrons : 1/5
Sabliers : 1/5
Bourses : 1/5

Ingrédients
(pour 4 personnes)

400 g de haricots blancs cuits en conserve
2 échalotes, émincées
2 gousses d'ail, hachées
1 cuil. à soupe de moutarde de Dijon
3 cuil. à soupe de vinaigre de cidre
6 cuil. à soupe d'huile d'olive
1 bouquet de persil frais, haché
Sel, poivre

Préparation

- Rincez et égouttez la boîte de haricots.
- Dans un bol, mélangez les échalotes, l'ail, la moutarde de Dijon, le vinaigre de cidre, l'huile d'olive, le sel et le poivre. Fouettez bien pour émulsionner la vinaigrette.
- Dans un grand saladier, mélangez les haricots blancs et versez la vinaigrette dessus.
- Mélangez délicatement pour bien enrober tous les ingrédients.
- Avant de servir, saupoudrez la salade de persil haché pour apporter de la fraîcheur.

L'info magique

- Cette recette est sûrement la plus simple de tout ce livre. Elle est issue d'un vieux livre de cuisine traditionnelle bretonne, dans laquelle on ajoutait de la betterave et de la saucisse. Mais, au final, elle est devenue une alliée des repas de dernière minute, et elle est parfaite pour les premiers pique-niques de printemps.
- Les haricots blancs, appartenant à la famille des légumineuses, sont associés en cuisine magique à la prospérité. Dans de nombreuses cultures, le persil est une plante magique, également associée à l'argent, comme à la sexualité. Deux éléments qui prennent tout leur sens lors de la célébration de la fertilité.

Légumes de printemps mijotés aux épices

Chaudrons : 2/5
Sabliers : 2/5
Bourses : 1/5

Ingrédients
(pour 4 personnes)

2 carottes, pelées et coupées en rondelles
4 pommes de terre, pelées et coupées en dés
200 g de pois gourmands, extrémités coupées
2 navets primeurs, pelés et coupés en morceaux
1 oignon, haché
2 gousses d'ail, hachées
1 boîte de tomates concassées (environ 400 g)
1 cuil. à café de cumin moulu
1 cuil. à café de coriandre moulue
½ cuil. à café de curcuma
½ cuil. à café de paprika
2 cuil. à soupe d'huile d'olive
1 tasse de bouillon de légumes
Sel, poivre
Coriandre fraîche

Préparation

- Dans une grande casserole, faites chauffer l'huile d'olive à feu moyen. Ajoutez l'oignon et l'ail, faites-les revenir jusqu'à ce qu'ils soient dorés.
- Ajoutez le cumin, la coriandre, le curcuma, le paprika, le sel et le poivre. Remuez bien pour enrober les oignons et l'ail d'épices.
- Ajoutez les carottes, les pommes de terre, les pois gourmands et les navets dans la casserole. Mélangez bien pour que les légumes soient aussi enrobés d'épices.
- Versez les tomates concassées dans la casserole et mélangez. Laissez mijoter pendant quelques minutes.
- Ajoutez le bouillon de légumes et portez le mélange à ébullition. Ensuite, réduisez le feu et laissez mijoter à feu doux et à couvert 15 à 20 min, ou jusqu'à ce que les légumes soient tendres.
- Goûtez et ajustez l'assaisonnement. Ajoutez plus de sel, de poivre ou d'épices si nécessaire. Déposez enfin des feuilles de coriandre fraîche juste avant de servir.

L'info magique

- L'utilisation de jeunes légumes de saison est une façon de se connecter à la terre, de s'ancrer en épluchant, nettoyant, coupant chaque légume tiré directement du sol.
- Les épices sont une bonne façon d'ajouter une intention à un plat, comme avec les herbes aromatiques.
- La coriandre est une épice et une plante liée à l'amour (et, elle aussi, à la sexualité). Le cumin, lui, est plus utilisé pour la douceur et la paix, et le curcuma pour la purification. Le mélange de ces épices est fait pour apporter harmonie, paix, protection au foyer et favoriser l'expression libre des sentiments dans le couple. N'hésitez pas à modifier les épices afin qu'elles correspondent au mieux à vos envies de renouveau à Ostara !

Gâteau marbré
beurre de cacahuète-banane-chocolat

Chaudrons : 3/5
Sabliers : 2/5
Bourses : 3/5

Ingrédients
(pour 6 personnes)

Pour le gâteau

200 g de farine
1 cuil. à café de levure chimique
½ cuil. à café de sel
125 g de beurre mou
25 g de poudre de cacao
75 g de sucre
2 œufs
2 bananes mûres, écrasées
60 g de beurre de cacahuète
60 ml de lait
1 cuil. à café d'extrait de vanille
30 g de cacao en poudre

Pour le glaçage

200 g de chocolat noir réduit en morceaux
50 g de beurre
50 g de sucre glace
1 poignée de cacahuètes pour décorer

Préparation

- Préchauffez votre four à 180 °C (th. 6). Graissez et farinez un moule à cake.
- Dans un bol, mélangez la farine, la levure chimique et le sel.

- Dans un autre grand bol, battez le beurre ramolli et le sucre jusqu'à obtenir une consistance légère et crémeuse.
- Ajoutez les œufs un à un, en battant bien après chaque ajout. Ajoutez l'extrait de vanille et mélangez.
- Ajoutez les bananes écrasées, le beurre de cacahuète et mélangez jusqu'à obtenir une pâte homogène.
- Ajoutez progressivement le mélange de farine à la pâte en alternant avec le lait. Commencez et terminez par le mélange de farine.
- Divisez la pâte en deux parts égales. Dans l'une, ajoutez le cacao en poudre et mélangez bien.
- Dans le moule à cake préparé, alternez les couches de pâte à la banane et de pâte de cacao. Utilisez une spatule pour marbrer légèrement les deux couches.
- Faites cuire au four préchauffé 40 min environ, ou jusqu'à ce qu'un cure-dents inséré au centre en ressorte propre.
- Laissez le gâteau refroidir dans le moule 10 min, puis transférez-le sur une grille pour qu'il refroidisse complètement.
- Préparez ensuite le glaçage : dans une casserole, faites fondre à feu doux le chocolat haché et le beurre, en remuant constamment jusqu'à obtenir un mélange lisse.
- Retirez la casserole du feu, laissez légèrement refroidir, puis ajoutez le sucre glace en remuant jusqu'à ce que le mélange redevienne lisse.
- Laissez le glaçage refroidir avant de l'étaler sur le gâteau. Assurez-vous que le gâteau lui-même est complètement refroidi avant d'appliquer le glaçage.
- Versez le glaçage au chocolat sur le gâteau, en l'étalant uniformément à l'aide d'une spatule. Décorez avec les cacahuètes.
- Laissez le glaçage prendre pendant quelques minutes avant de couper et de servir.

L'info magique

- Cette recette est un peu spéciale, car elle peut être proposée dans deux cadres rituels très différents… En effet, les ingrédients qui la composent, qu'il s'agisse de la cacahuète, de la banane ou du chocolat, ont tous des vertus propres à la magie financière, comme à la magie amoureuse et sexuelle…
- À vous de voir dans quel cadre vous souhaitez la préparer ! À titre personnel, c'est ma recette ultime de réconfort, pour apporter de l'amour à quelqu'un·e, pour le·a célébrer, mais aussi apaiser sa tristesse… Je n'ai jamais utilisé cette recette pour ses vertus aphrodisiaques cependant ! Je vous laisse voir si cette option fonctionne également…

Meringues colorées d'Ostara

Chaudrons : 4/5
Sabliers : 4/5
Bourses : 2/5

Ingrédients (pour une vingtaine de meringues)

3 blancs d'œufs (à température ambiante)
150 g de sucre en poudre
1 pincée de sel
Colorants alimentaires en gel ou en poudre (couleurs symboliques d'Ostara, plutôt pastel, comme le rose, le jaune ou le bleu)
Extrait de vanille (facultatif)

Préparation

- Préchauffez votre four à 100 °C (th. 3-4). Recouvrez une ou plusieurs plaques à pâtisserie de papier sulfurisé.
- Assurez-vous que les blancs d'œufs sont à température ambiante. Dans un grand bol propre et sec, commencez à les battre lentement jusqu'à ce qu'ils deviennent mousseux.
- Ajoutez une pincée de sel, puis battez-les plus rapidement. Lorsque les blancs d'œufs commencent à devenir plus fermes, ajoutez le sucre en poudre en petite quantité, en continuant de battre.
- Continuez à battre jusqu'à ce que la meringue soit ferme, brillante et forme des pics fermes. Ajoutez éventuellement l'extrait de vanille et mélangez-le délicatement.
- Divisez la meringue en portions égales si vous souhaitez utiliser différents colorants alimentaires. Ajoutez les colorants en gel ou en poudre à chaque portion et mélangez délicatement pour obtenir la couleur souhaitée.
- Remplissez une poche à douille munie d'une douille décorative de votre choix avec la meringue colorée.
- Sur les plaques à pâtisserie préparées, formez de petits monticules de meringue en pressant doucement la poche à douille. Laissez un peu d'espace entre chaque meringue.
- Faites cuire au four préchauffé 1 h à 1 h 30, ou jusqu'à ce que les meringues soient sèches et se décollent facilement du papier sulfurisé.
- Laissez les meringues refroidir complètement sur les plaques avant de les retirer.
- Une fois refroidies, vous aurez de délicieuses petites meringues colorées, croquantes à l'extérieur et moelleuses à l'intérieur. *Enjoy* !

L'info magique

- La meringue est pour moi autant une décoration qu'une friandise. Une jolie meringue pastel, rose, bleue ou jaune, sur une table d'Ostara, est aussi signifiante qu'un œuf peint, car la meringue, ce n'est que du blanc d'œuf et du sucre ! donc de la fertilité et de la douceur, tout cela sous forme d'un petit bijou coloré. Alors ce n'est certes pas la recette la plus simple, mais j'aime voir sa réussite comme un beau symbole de fertilité et de réussite des projets amorcés en cette saison du renouveau. (Et quand je les rate… eh bien, j'en refais une fournée !)

Vos recettes

Beltane

Un peu d'histoire

Beltane

Beltane est le sabbat opposé à Samhain sur la roue de l'année. Il est à mi-chemin entre l'équinoxe de printemps et le solstice d'été. Généralement célébré dans la nuit du 30 avril au 1er mai, ou dans la journée du 1er mai, on peut aussi le fêter à la date astronomique du sabbat ou lorsqu'on voit fleurir l'aubépine.

Il salue la vie après l'arrivée du printemps, plus douce. À Beltane, tout est en vie, le soleil rayonne, les animaux repartent dans les pâturages pour la saison.

On célèbre ce sabbat de plusieurs façons, mais le feu a toujours une importance particulière.

« La nuit de Walpurgis », condamnée par l'Église catholique comme cérémonie de sorcellerie, est dans l'imaginaire collectif le symbole même « du sabbat des sorcières ».

On se réunissait autour de grands feux, on dansait, on chantait, on faisait passer les animaux entre deux brasiers pour leur assurer la santé et une bonne reproduction, on sautait par-dessus le feu, seul·e ou en couple, pour attirer la chance sur son union. On remplaça ensuite cette pratique dangereuse par un saut au-dessus d'un balai.
Nombre de rituels étaient en lien avec le fait d'honorer les fées et le petit peuple lors de ces célébrations.

Beltane, à l'inverse de Samhain qui fait le lien avec les morts, est lié aux seuils, aux zones de transition, où l'on est au plus proche du petit peuple.
Le petit peuple, loin de l'image qu'on se fait de gentilles fées et de petits lutins, peut faire le bien comme le mal. C'est donc une belle occasion de les remercier pour leurs bienfaits, de leur laisser une offrande pour s'assurer leurs bonnes grâces dans les mois à venir.

Même si on ne célébrera officiellement l'été qu'à Litha, on dit aussi que la Cailleach, celle qui glace la terre en la frappant de son bâton, redevient pierre jusqu'au Samhain suivant, laissant la terre redevenir chaude et féconde.
Enfin, Beltane signifie littéralement « la nuit de Bel » ou « les feux de Bel », et pourrait être en lien avec le dieu Bélénos ou la déesse Belisama. Mais les avis divergent concernant l'étymologie et les sources sont rares. Quoi qu'il en soit, ce sont des divinités liées au feu, au soleil ou à la lumière.

Un des symboles les plus représentatifs de Beltane est le mât de mai. Ce sabbat étant intimement lié à l'amour, à l'engagement, aux promesses, mais aussi à la fécondité et à la sexualité, beaucoup de ses symboles sont des représentation des attributs de l'homme ou de la femme. Le mât de mai, par exemple, est une représentation phallique.

Les rubans qui l'entourent, tenus et entourés autour de lui lors des danses, sont un symbole d'union, et apportent un côté festif et plein d'énergie. C'est une fête durant laquelle on célébrait beaucoup d'unions, amoureuses ou charnelles, de fiançailles, mais où l'on élisait également la reine et le roi de mai, qui étaient couronnés et mis à la place d'honneur à la fin des réjouissances.

Enfin, même si le feu est l'élément le plus représentatif de Beltane, l'eau avait aussi une place très importante. Les célébrations se déroulaient près d'un cours d'eau, par exemple. Songeons également au rituel de la rosée : la rosée du matin de Beltane était recueillie avant le lever du jour, et appliquée sur le visage, les mains et les pieds des jeunes filles pour garantir leur beauté.

L'art de la table

Beltane a un côté plus sauvage, moins discipliné que les autres célébrations de la roue de l'année. C'est souvent le sabbat que je célèbre avec le plus d'invité·e·s à la maison, et je prépare plutôt un buffet qu'un repas à table, afin de pouvoir manger autour du feu. Malgré cela, certains symboles peuvent vous permettre de décorer votre table afin que les énergies de Beltane soient représentées au mieux.

- Les couleurs dominantes de votre table, que ce soit dans la nappe, la vaisselle ou le linge de table, seront une combinaison de **blanc**, couleur de l'aubépine, symbole de paix et de pureté, et de **rouge**, pour l'énergie, la passion et la vigueur. Vous pouvez ajouter quelques touches de **vert**, rappelant la verdeur et la vigueur de l'homme, du dieu prêt à ensemencer la terre, donc symbole de fertilité, mais aussi de **marron**, pour la connexion à la terre, à la nature.

✦

- Disposez des **bouquets** ou des **couronnes de fleurs**. Et créez de petits **mâts de mai**, que vous planterez dans des vases posés sur votre table. Le **pentacle** est un des symboles forts de Beltane. Vous pouvez, si vous êtes bricoleur.se, en fabriquer avec du jeune bois, lié et décoré de fleurs ou de rubans.

✦

- Placez sur votre table des minéraux en lien avec cette célébration : du **jaspe rouge**, pierre solaire, symbole de la saison claire et belle représentation du feu, du **quartz rose**, pour l'amour et l'affection, du **quartz blanc** pour les liens et, pourquoi pas, de la **cornaline** ou du **grenat** pour la sexualité et la passion.

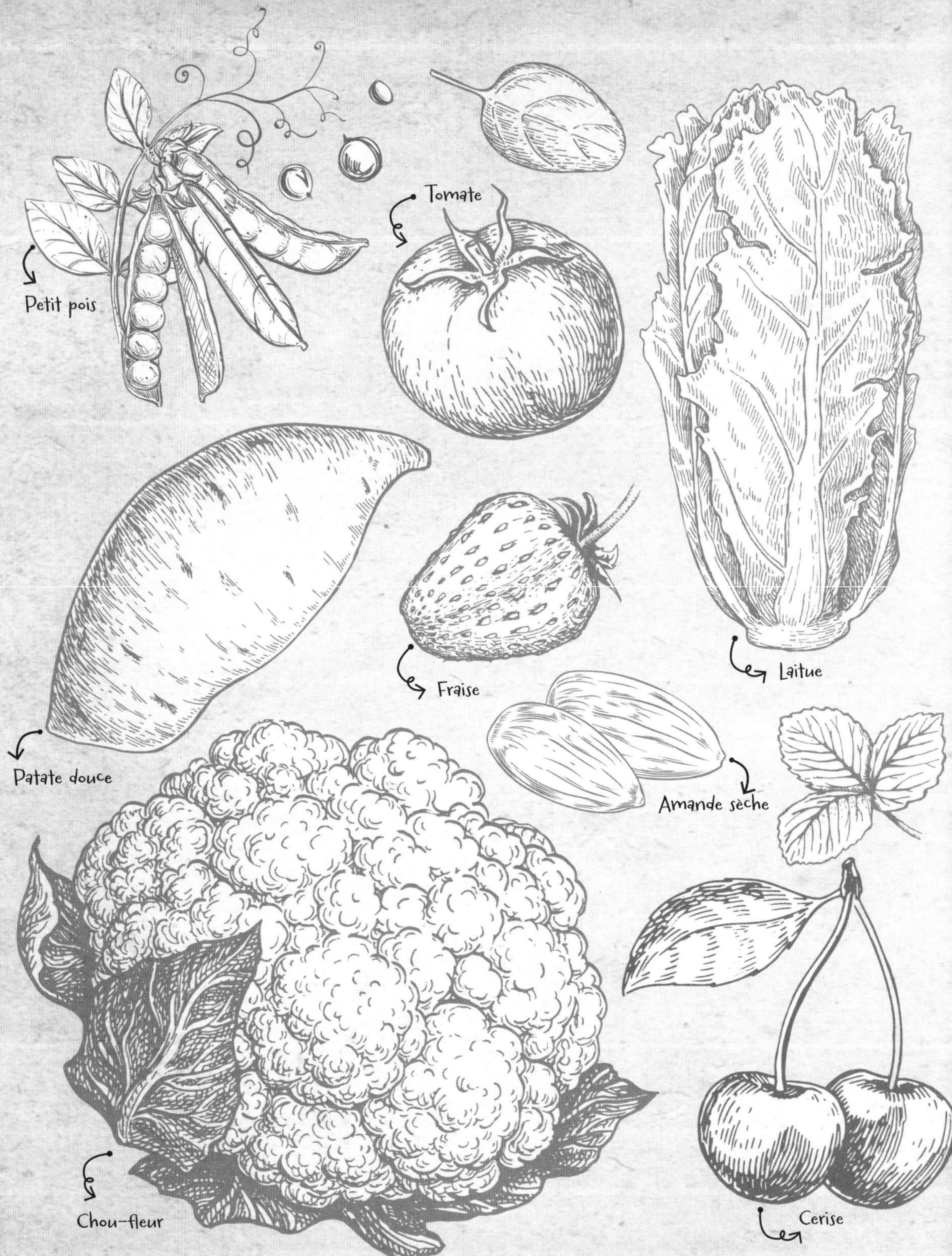
Petit pois
Tomate
Laitue
Fraise
Patate douce
Amande sèche
Chou-fleur
Cerise

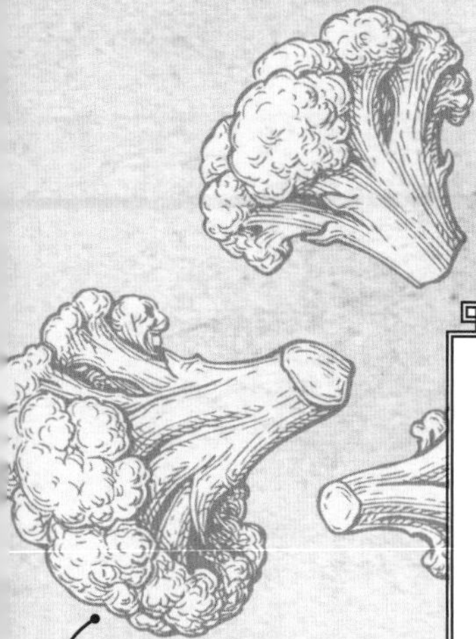

Morceaux de Chou-fleur

Les recettes

Beltane, c'est la période entre le printemps et l'été où la nature est à son apogée. À partir de ce moment, la terre commence à nous inonder de sa générosité. Il y a donc énormément de possibilités de repas variés !

Beltane est aussi une célébration de feu ! Avec le retour des beaux jours, c'est le moment d'allumer le barbecue pour faire griller vos légumes, ou tout simplement, de manger dehors pour profiter des rayons chauds du soleil !

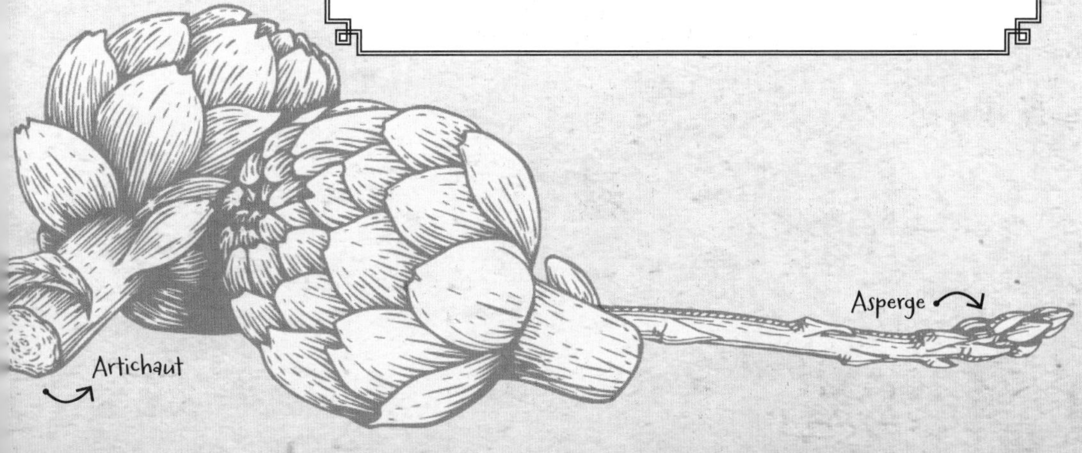

Asperge

Artichaut

Salade de fèves
à la feta et aux oignons nouveaux

Chaudrons : 1/5
Sabliers : 1/5
Bourses : 2/5

Ingrédients
(pour 4 personnes)

500 g de fèves surgelées épluchées
150 g de feta, émiettée
4 oignons nouveaux, émincés
2 cuil. à soupe d'huile d'olive extra vierge
1 cuil. à soupe de vinaigre de vin rouge
Sel, poivre noir fraîchement moulu

Préparation

- Faites décongeler les fèves en les plongeant quelques minutes dans une grande casserole d'eau salée et chaude.
- Dans un petit bol, mélangez l'huile d'olive, le vinaigre de vin rouge, le sel et le poivre.
- Dans un grand saladier, combinez les fèves cuites et refroidies, la feta émiettée et les oignons nouveaux émincés, en mettant une partie des tiges vertes, qui apporteront un goût proche de la ciboulette.
- Versez la vinaigrette préparée sur les ingrédients de la salade. Mélangez délicatement pour enrober tous les ingrédients.
- Placez la salade au réfrigérateur au moins 30 min avant de servir pour permettre aux saveurs de se mélanger.

L'info magique

- Nous l'avons vu, le sabbat de Beltane est très axé sur la sexualité.
- Les oignons nouveaux en sont un symbole. Ces petits bulbes blancs et purs qui sortent de terre avec vigueur et dont on peut manger chaque partie sont un ingrédient parfait pour s'imprégner des énergies de cette fête. En synergie avec cette représentation de l'homme, la fève est un légume en lien avec Vénus, représentation du féminin et de la fertilité.
- Cette recette est donc une belle allégorie de Beltane.

Cubes de patate douce rôtie et mayonnaise pimentée

Chaudrons : 2/5 Sabliers : 2/5 Bourses : 2/5

Ingrédients

(pour 6 personnes)

2 grandes patates douces, pelées et coupées en cubes
2 cuil. à soupe d'huile d'olive
1 cuil. à café de paprika
1 cuil. à café de cumin en poudre
Sel, poivre noir fraîchement moulu

Pour la mayonnaise

1 jaune d'œuf
1 cuil. à café de moutarde de Dijon
1 tasse d'huile végétale
1 cuil. à soupe de vinaigre de vin blanc
Sel, poivre noir fraîchement moulu
Flocons de piment, selon votre goût

Préparation

▪ cubes de patate douce

Préchauffez votre four à 200 °C (th. 6-7).
Dans un grand bol, mélangez les cubes de patate douce avec l'huile d'olive, le paprika, le cumin, le sel et le poivre. Les cubes de patate douce doivent être bien enrobés d'épices.
Disposez les cubes de patate douce sur une plaque de cuisson couverte de papier sulfurisé. Faites cuire au four 25 à 30 min, en remuant à mi-cuisson, jusqu'à ce qu'ils soient tendres et dorés.
Retirez les cubes de patate douce du four et laissez-les refroidir légèrement.

▪ mayonnaise pimentée

- Dans un bol, fouettez le jaune d'œuf et la moutarde de Dijon jusqu'à ce que le mélange soit bien homogène.
- Ajoutez l'huile très lentement en filet continu tout en continuant de fouetter vigoureusement. Continuez jusqu'à ce que la mayonnaise épaississe et prenne une consistance crémeuse.
- Ajoutez le vinaigre de vin blanc, le sel et le poivre. Ajustez l'assaisonnement. Fouettez pour bien mélanger.
- Une fois la mayonnaise maison préparée, ajoutez des flocons de piment rouge selon votre goût. Commencez par une petite quantité et ajustez selon la chaleur souhaitée.
- Mélangez bien pour incorporer les flocons de piment à la mayonnaise.
- Laissez reposer la mayonnaise pimentée au réfrigérateur au moins 30 min pour permettre aux saveurs de se développer.
- Il ne vous reste plus qu'à servir les dés de patate douce sur de petites piques en bois à tremper dans la mayonnaise épicée.

L'info magique

- Beltane étant un des quatre festivals du feu du calendrier celte, on représente ce feu sous divers aspects dans la cuisine. On pense bien sûr d'abord au piment.
- La patate douce est un légume intimement lié à Vénus et, en cuisine magique, elle est autant utilisée comme aphrodisiaque que pour ouvrir son cœur et se permettre de recevoir et de donner de l'amour. Sa couleur orange est aussi un beau symbole des feux de Beltane.

Poêlée d'asperges à l'ail

Chaudrons : 2/5
Sabliers : 1/5
Bourses : 2/5

Ingrédients

(pour 4 personnes)

500 g d'asperges, parées
2 cuil. à soupe d'huile d'olive
3 gousses d'ail, émincées
Sel, poivre du moulin

Préparation

- Lavez les asperges à l'eau froide. Coupez les extrémités dures et fibreuses, puis coupez-les en morceaux de taille égale.
- Dans une grande poêle, chauffez l'huile d'olive à feu moyen. Ajoutez les asperges et faites-les sauter 5 à 7 min, ou jusqu'à ce qu'elles soient légèrement dorées et encore croquantes.
- Ajoutez l'ail émincé dans la poêle et faites sauter 1 à 2 min de plus, en veillant à ce qu'il ne brûle pas.
- Assaisonnez les asperges avec du sel et du poivre noir fraîchement moulu. Poursuivez la cuisson pendant quelques minutes supplémentaires jusqu'à ce que les asperges atteignent la texture souhaitée.
- Elles doivent être tendres mais encore légèrement croquantes.

L'info magique

- Les asperges, en cuisine magique, sont liées à la sexualité. Je pourrais vous parler aussi du pouvoir protecteur de l'ail mais, clairement, dans cette recette il n'est là que pour sublimer le goût des petites asperges croquantes qu'on ne trouve que pendant une courte période.
- Réalisez cette recette si vous prévoyez un rituel de magie rouge pour votre célébration de Beltane, et vous vous assurez vigueur et énergie !

Couscous du soleil,
semoule assaisonnée au citron et aux olives

Chaudrons : 1/5
Sabliers : 1/5
Bourses : 1/5

Ingrédients
(pour 4 personnes)

1 tasse de couscous
1 ¼ tasse d'eau bouillante
Zeste d'un citron
Jus d'un citron
2 cuil. à soupe d'huile d'olive
1 gousse d'ail, hachée finement
½ tasse d'olives de Kalamata, dénoyautées et coupées en deux
¼ botte de persil frais, haché
Sel, poivre noir

Conseil

Ajoutez éventuellement de la feta émiettée sur le couscous pour donner un peu de rondeur au plat.

Préparation

- Dans un grand bol, versez le couscous. Ajoutez une pincée de sel à l'eau bouillante et versez-la sur le couscous. Couvrez le bol d'une assiette et laissez reposer 5 min.
- À l'aide d'une fourchette, émiettez le couscous pour éviter les grumeaux.
- Dans un petit bol, mélangez le zeste et le jus de citron, l'huile d'olive, l'ail haché, les olives, le persil, le sel et le poivre. Mélangez bien.
- Versez l'assaisonnement sur le couscous émietté. Mélangez délicatement pour que le couscous s'imprègne des différentes saveurs.
- Servez le couscous du soleil dans un grand plat, garni de quartiers de citron si vous le souhaitez.

L'info magique

- Cette recette est une ode au soleil et au partage. Le citron est une représentation de la lumière dans l'assiette. Il évoque la vitalité, la paix, l'amour et l'amitié.
- Les olives complètent bien l'intention de ce plat, car elles symbolisent également la paix, mais aussi la magie et la spiritualité.

Risotto vert aux jeunes épinards

Chaudrons : 3/5
Sabliers : 2/5
Bourses : 2/5

Ingrédients
(pour 4 personnes)

1 tasse de riz Arborio
3 belles poignées de jeunes épinards, lavés, équeutés, hachées
1 oignon, finement haché
2 gousses d'ail, émincées
4 tasses de bouillon de légumes chaud
½ verre de vin blanc sec
3 cuil. à soupe de parmesan râpé
2 cuil. à soupe d'huile d'olive
Sel, poivre

Conseil

Avant de commencer cette recette, préparez tous les ingrédients en les mesurant et en les hachant, car le risotto nécessite une attention constante pendant la cuisson.

Préparation

- Dans une casserole, chauffez le bouillon de légumes et maintenez-le chaud à feu doux.
- Dans une grande casserole, faites chauffer l'huile d'olive à feu moyen. Ajoutez l'oignon et faites-le revenir jusqu'à ce qu'il soit transparent. Ajoutez l'ail et faites-le sauter 1 min.
- Ajoutez le riz Arborio dans la casserole et remuez pour le nacrer. Versez le vin blanc et remuez jusqu'à ce qu'il soit presque complètement absorbé.
- Commencez à ajouter une louche de bouillon chaud au riz. Remuez fréquemment et attendez que le liquide soit absorbé avant d'ajouter une nouvelle louche. Répétez jusqu'à ce que le riz soit cuit à votre goût. Personnellement, j'aime le risotto bien tendre, mais je sais que traditionnellement il se mange plutôt *al dente*.
- Ajoutez les jeunes épinards au risotto cuit. Remuez jusqu'à ce que les épinards soient flétris et bien incorporés.
- Ajoutez le parmesan râpé au risotto vert. Salez, poivrez à votre goût. Si nécessaire, ajoutez un peu de bouillon pour atteindre la consistance crémeuse souhaitée.

L'info magique

Le riz comme les épinards sont des ingrédients en lien avec la prospérité financière. Vous pouvez donc préparer ce repas pour apporter réussite et succès aux personnes qui partageront votre table. Sa couleur verte est également un hommage à l'homme vert, à la fertilité ; sachant que le riz est aussi utilisé en magie rouge, ce plat peut figurer au menu du repas d'un couple qui projette de concevoir un enfant.

Anneaux de Beltane,
biscuits au sésame recouverts de chocolat

Chaudrons : 3/5
Sabliers : 2/5
Bourses : 2/5

Ingrédients
(pour une quinzaine de biscuits)

Pour les biscuits

1 tasse de farine tout usage
½ tasse de graines de sésame
½ tasse de beurre non salé, ramolli
1/3 tasse de sucre
1 cuil. à café d'extrait de vanille
1 pincée de sel

Pour la garniture au chocolat

100 g de chocolat noir, réduit en morceaux
30 g de beurre

Préparation

- Préchauffez votre four à 180 °C (th. 6).
- Tapissez une plaque à pâtisserie de papier sulfurisé.
- Dans un grand bol, battez le beurre ramolli et le sucre jusqu'à obtenir un mélange léger et crémeux. Ajoutez l'extrait de vanille et mélangez. Ajoutez la farine, les graines de sésame et le sel. Mélangez bien jusqu'à ce que la pâte se forme.
- Prenez de petites portions de pâte et formez de petits anneaux. Placez-les sur la plaque à pâtisserie préparée.
- Faites cuire au four préchauffé 12 à 15 min, ou jusqu'à ce que les biscuits soient légèrement dorés sur les bords.
- Laissez les biscuits refroidir sur la plaque quelques minutes, puis transférez-les sur une grille pour les laisser refroidir complètement.
- Faites fondre le chocolat noir avec le beurre au bain-marie ou au micro-ondes. Remuez jusqu'à obtenir une consistance lisse.
- Trempez la moitié de chaque biscuit en anneau dans le chocolat fondu.
- Placez les biscuits sur du papier sulfurisé et laissez-les reposer jusqu'à ce que le chocolat soit complètement durci.
- Une fois le chocolat solidifié, vos biscuits en anneau au sésame recouverts de chocolat sont prêts à être dégustés !

L'info magique

- Ces biscuits sont la quintessence des symboles liés à la sexualité de Beltane. Le sésame est utilisé comme aphrodisiaque en magie, le chocolat est lié à la passion, et la forme en anneau symbolise tant l'union, par sa forme de bague, que la féminité elle-même.
- Offrez ces biscuits à la personne avec qui vous souhaitez vous unir, que ce soit charnellement ou spirituellement.

Bricks au miel et aux amandes

Chaudrons : 3/5
Sabliers : 2/5
Bourses : 2/5

Ingrédients

(pour une dizaine de bricks)

1 sachet de feuilles de brick
100 g de poudre d'amande
85 g de miel
50 g de beurre fondu
5 g env. d'eau de fleur d'oranger

Conseil

Le pliage de la feuille de brick peut s'avérer compliqué. N'hésitez pas à regarder au dos de votre paquet, différentes méthodes y sont en général données en exemple : en triangle, en cigare...

Préparation

- Dans un bol, mélangez la poudre d'amande avec le miel et l'eau de fleur d'oranger. Assurez-vous que le mélange est homogène.
- Préchauffez le four à 180 °C (th. 6).
- Placez une portion de cette garniture au centre de chaque feuille de brick. Repliez les côtés pour former un rectangle ou un triangle, en vous assurant de bien sceller les bords.
- Placez les bricks sur une plaque de cuisson et badigeonnez-les généreusement de beurre fondu. Faites cuire au four préchauffé 15 à 20 min, ou jusqu'à ce qu'ils soient dorés et croustillants.
- Laissez les bricks refroidir légèrement avant de les manipuler, car ils seront très chauds juste après la cuisson.

L'info magique

- Le miel est associé à la douceur, à l'amour et à l'harmonie. Il peut être utilisé pour favoriser des relations harmonieuses. Les amandes sont souvent liées à la prospérité et sont utilisées pour attirer l'abondance. L'eau de fleur d'oranger est également en lien avec l'amour ; cependant, je l'associe particulièrement au réconfort et au bien-être. J'en verse toujours quelques gouttes dans un gâteau pour réconforter un·e ami·e triste, ou dans ma pâte à crêpes pour le goûter réconfortant du dimanche avant le stress de la reprise du lundi.

Vos recettes

Litha

Un peu d'histoire

Litha

Litha, c'est le solstice d'été, le jour le plus long de l'année, avant que le soleil ne décline petit à petit et que les jours ne raccourcissent.

Cet événement est célébré depuis des milliers d'années et dans de nombreuses cultures. On le fête chaque année entre le 20 et le 22 juin.

Le monde entier est couvert de lieux et monuments édifiés pour observer ce phénomène : en Égypte, en Allemagne, en Irlande, dans les Amériques… Le plus connu de tous est, bien sûr, Stonehenge, qui réunit chaque année au solstice des milliers de personnes pour voir se lever le soleil entre ses pierres dressées sur la plaine de Salisbury.

Au cœur des célébrations du solstice, il y a le soleil évidemment ! On honore les divinités solaires, telles que Amon-Râ ou Apollon, en Égypte et en Grèce, les dieux Soleil, ou Aestas et Brigantia, les déesses romaine et gauloise du soleil.

Avec Litha, on célèbre la nature, le moment où, les dernières semailles ayant eu lieu, hommes et femmes peuvent enfin prendre un peu de repos avant de commencer les premières récoltes. Ils et elles allumaient de grands feux de joie, dansaient, chantaient et célébraient également l'amour et les unions (car dans certaines traditions, à l'inverse de ce que l'on a vu précédemment, s'unir à Beltane était un signe de malchance). Ces fêtes étaient pleines de joie et particulièrement liées à la magie verte, aux rituels de connexion à la nature, d'abondance et de fécondité. Traditionnellement, à Litha, les druides récoltaient les plantes qu'ils allaient utiliser pour guérir ou pratiquer la magie l'année durant, une tradition que la sorcellerie moderne a d'ailleurs maintenue. Les sorcières d'aujourd'hui récoltent leurs plantes magiques le matin du solstice en remerciant la nature pour sa générosité.

Étant également le sabbat opposé à Yule, c'est le moment où le roi Chêne laisse de nouveau sa place au roi Houx.

Enfin, c'est un jour où l'on entre en relation avec les fées, car on dit que les changements de saison leur permettent de passer le seuil entre les mondes. D'ailleurs, une des divinités célébrées en ce jour de solstice est Aine, déesse celtique du feu, qu'on appelait parfois la reine des fées. C'est donc un bon moment pour leur laisser des offrandes, ou observer les signes de leur présence.

L'art de la table

Une belle table de Litha est pleine de symboles
et, surtout, pleine de couleurs !

- À vous de vous amuser à associer les couleurs entre la nappe, la vaisselle, les serviettes et la décoration en mettant sur votre table de beaux **bouquets de fleurs** de saison et des **bougies colorées**.

✦

- Utilisez du **jaune**, représentant le soleil, la joie et la créativité, du **vert** pour la prospérité et la fertilité, du **rouge** pour l'énergie, le feu et l'amour, de l'**orange** pour l'optimisme, la communication et l'énergie, et de l'**or** pour la force, la réussite, la lumière du soleil et les divinités qui y sont liées.

✦

- Disposez sur votre table des représentations des animaux symboliques du solstice, comme des **abeilles**, sous forme de statuettes ou tout simplement de miel (symbole d'abondance), des **papillons** (symboles de renaissance), des oiseaux, de préférence des **oiseaux migrateurs** (symboles du soleil qui est bel et bien de retour). Si vous trouvez des coquilles d'œuf, suite aux éclosions, posez-en sur votre table ou votre autel !

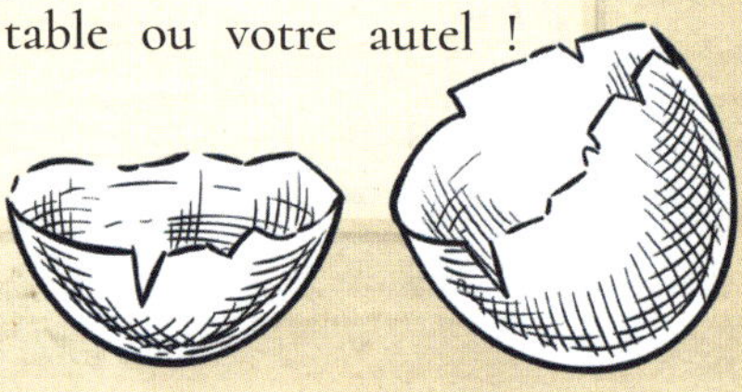

Chaque année, nous trouvons plein de jolies coquilles d'œuf de merle toutes bleues dans notre jardin.
Bien entendu, ajoutez des représentations de **fées** ou du **petit peuple**, sous forme de statuettes, de petites maisons, et, pour leur faire plaisir, posez un verre de lait. Attention, si vous souhaitez honorer les fées sur votre table, évitez absolument le fer, elles ne l'aiment pas du tout !

✦

- N'oubliez pas la vertu des pierres : des morceaux d'œil-de-tigre pour la communication et le courage, et de **citrine** pour sa couleur solaire et l'inspiration, la protection et l'équilibre.

✦

- Si vous le souhaitez, dépos line, symbole de la récolte des plantes du solstice, et un chaudron pour l'abondance.

✦

- Enfin, les arcanes du Soleil et de la Force du tarot pourront diffuser leurs énergies sur votre table.

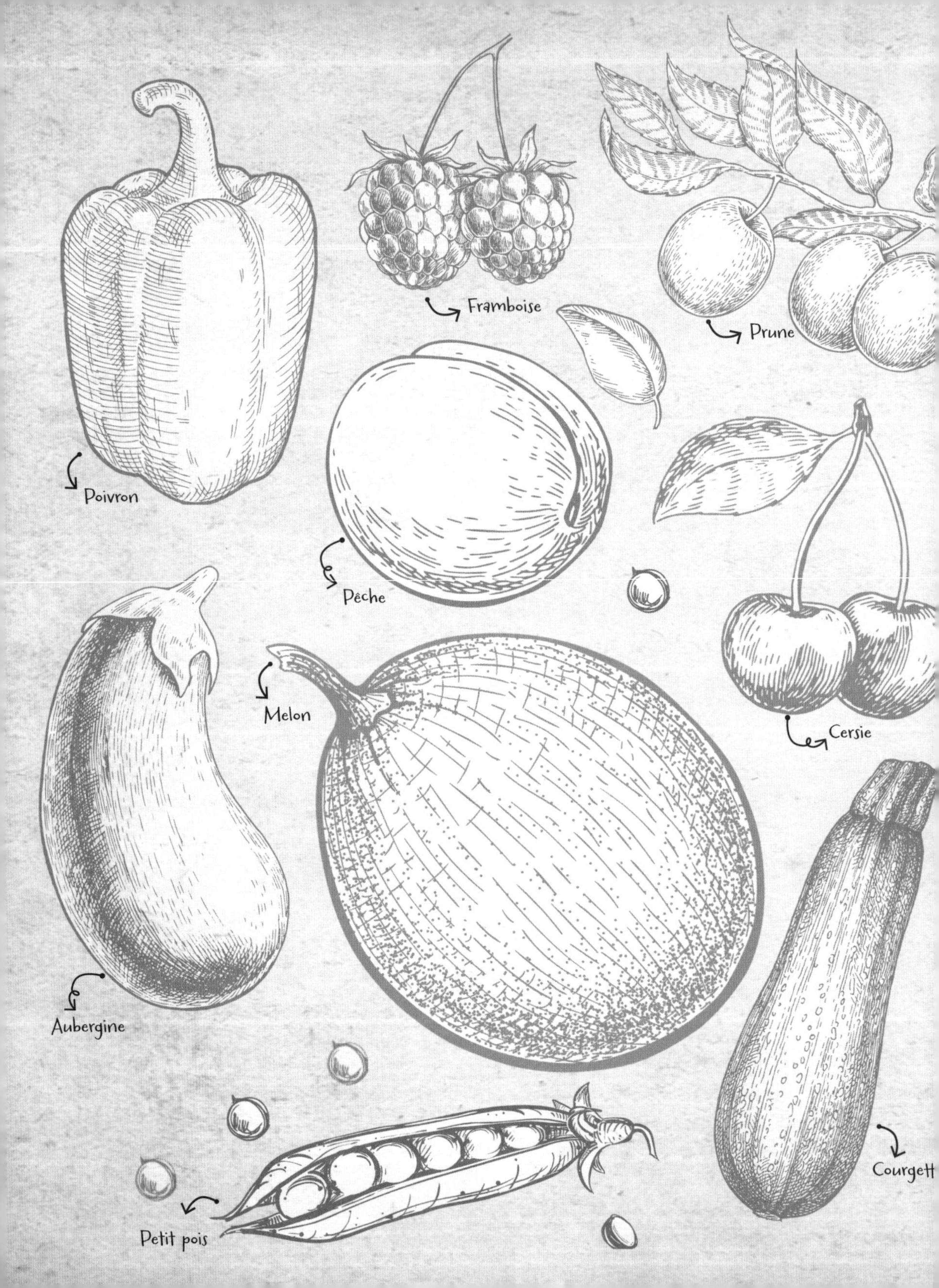
Framboise
Prune
Poivron
Pêche
Cersie
Melon
Aubergine
Courgett
Petit pois

Les recettes

Litha est le sabbat où l'on profite le plus des fruits et légumes frais de la saison estivale. C'est le moment où la couleur est autant dans la nature que dans l'assiette. C'est aussi un moment propice aux pique-niques et aux repas partagés. La chaleur peut être pesante, et les repas frais et légers sont les plus adaptés à cette célébration.
Bien entendu, on recourt aux herbes sous toutes leurs formes !

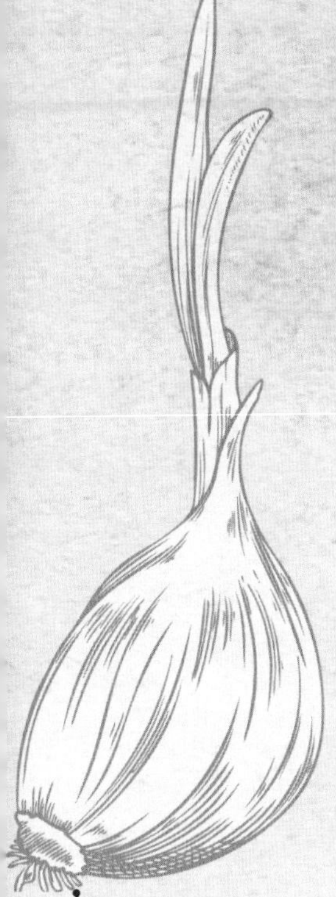
Oignon

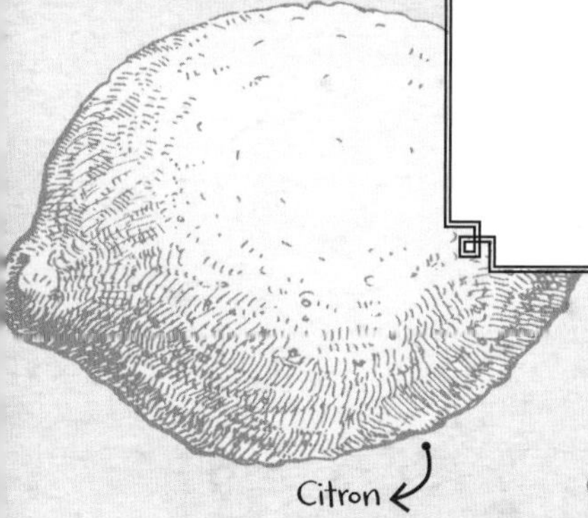
Citron

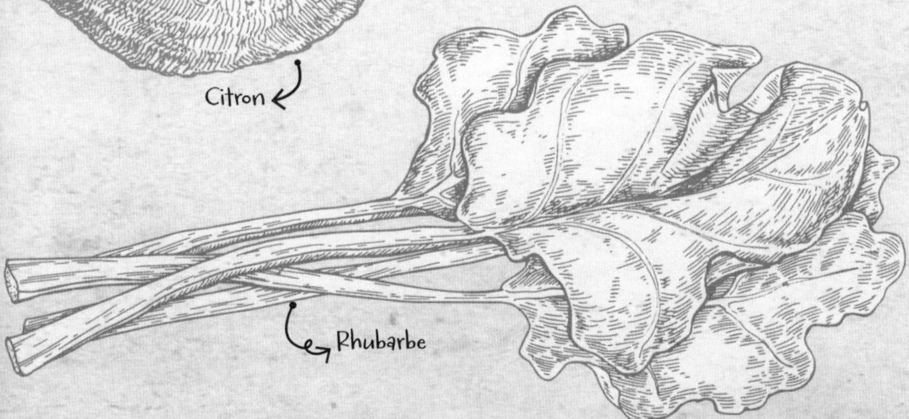
Rhubarbe

Madeleines du solstice

Chaudrons : 2/5
Sabliers : 2/5
Bourses : 2/5

Ingrédients

(pour une quinzaine de madeleines)

150 g de farine
1 cuil. à café de levure chimique
3 œufs
100 g de beurre fondu
100 g de fromage râpé (comté, emmental ou mélange de fromages)
1 cuil. à soupe de moutarde
1 cuil. à soupe de ciboulette hachée
Sel, poivre

Préparation

- Préchauffez votre four à 200 °C (th. 6-7), ou à 180 °C (th. 6) si le four est à chaleur tournante. Beurrez légèrement le moule à madeleines.
- Dans un bol, mélangez la farine et la levure chimique.
- Dans un autre bol, battez les œufs. Ajoutez le beurre fondu et mélangez bien. Incorporez le fromage râpé, la moutarde, la ciboulette, le sel et le poivre. Mélangez jusqu'à obtenir une consistance homogène.
- Ajoutez progressivement le mélange de farine et de levure à la préparation liquide. Mélangez bien pour éviter les grumeaux.
- Laissez reposer la pâte au réfrigérateur au moins 30 min. Cela permettra aux madeleines de lever davantage lors de la cuisson.
- Remplissez chaque alvéole du moule à madeleines aux trois quarts avec la pâte.
- Placez-le dans le four préchauffé et laissez cuire 12 à 15 min, ou jusqu'à ce que les madeleines soient dorées et légèrement gonflées.
- Laissez les madeleines refroidir légèrement avant de les démouler.
- Servez les madeleines salées tièdes ou à température ambiante.

L'info magique

- Les madeleines ont un côté régressif qui apporte de la joie à table. C'est donc une belle offrande pour une célébration liée aux fées. La présence d'herbes fraîches est un symbole propre à Litha, la ciboulette étant un vecteur de protection. La moutarde aussi est un ingrédient propre à la protection ; si vous trouvez chez vos petits producteurs artisanaux une moutarde aromatisée, n'hésitez pas ! Un jour, j'ai trouvé un pot de moutarde à la verveine qui fut mon allié de la saison claire !

Beurres aux herbes de Litha

Chaudrons : 1/5
Sabliers : 2/5
Bourses : 2/5

Ingrédients
(pour 3 mottes de beurre)

1 plaquette de 500 g de beurre aux cristaux de sel, ramolli et divisée en 3
Zeste de 1 citron
Jus de ½ citron
2 cuil. à soupe de coriandre fraîche, hachée.
3 gousses d'ail, émincées finement
2 cuil. à soupe de persil frais, haché
1 cuil. à soupe de ciboulette, hachée
2 cuil. à soupe de miel
2 cuil. à soupe de sauge fraîche, hachée
3 ou 4 amandes en petits éclats.

Conseil

Ces beurres aromatisés se conservent au réfrigérateur ou congelés pour une utilisation ultérieure.

Préparation

- Répartissez les 3 parts de la plaquette de beurre ramollie dans 3 bols.
- Dans le premier bol, mélangez au beurre le zeste, le jus de citron et la coriandre hachée.
- Dans le deuxième bol, ajoutez au beurre l'ail avec le persil et la ciboulette, mélangez.
- Enfin, dans le troisième bol, mélangez au beurre le miel, la sauge et les amandes.
- Formez les beurres en rouleau, enveloppez-les dans du film alimentaire et réfrigérez.

L'info magique

- Ces beurres sont une belle façon de conserver des plantes du solstice fraîchement récoltées, et de créer des mélanges d'intention en combinant des ingrédients afin de les lier entre eux avec leurs propriétés magiques.
- Le beurre citron-coriandre sera un parfait allié pour un repas joyeux, mais aussi un rendez-vous amoureux car la coriandre fait partie des ingrédients de la magie amoureuse.
- Le beurre ail-fines herbes est une combinaison délicieuse pour la magie protectrice.
- Enfin, le beurre au miel et à la sauge sera parfait pour toute opération de magie financière, afin d'attirer prospérité et réussite dans votre foyer.

Pommes de terre des canuts

Chaudrons : 1/5
Sabliers : 3/5
Bourses : 2/5

Ingrédients
(pour 4 personnes)

800 g de pommes de terre, pelées et coupées en morceaux
2 fromages blancs de type faisselle
1 cuil. à soupe de crème fraîche
1 échalote
1 gousse d'ail
2 cuil. à soupe d'huile d'olive
1 cuil. à soupe de vinaigre de vin
1 botte de ciboulette
1 botte de persil
Sel, poivre

Préparation

- Égouttez le fromage blanc pour enlever l'excès de liquide.
- Pendant que le fromage blanc s'égoutte, hachez finement l'ail, l'échalote, la ciboulette et le persil.
- Dans un grand bol, mélangez le fromage blanc égoutté avec l'ail, l'échalote, la ciboulette et le persil hachés, puis ajoutez la crème, l'huile d'olive et le vinaigre.
- Salez, poivrez à votre goût. Mélangez bien pour que tous les ingrédients soient uniformément répartis.
- Placez la préparation au réfrigérateur pendant au moins 1 h pour permettre aux saveurs de se diffuser.
- Pendant ce temps, faites cuire les pommes de terre pelées et coupées en morceaux dans un grand volume d'eau salé. Une fois cuites, égouttez-les, puis servez-les recouvertes de votre préparation, la « cervelle des canuts ».

L'info magique

- La cervelle des canuts est une spécialité lyonnaise que j'ai toujours adoré manger, et c'est la première recette que ma cheffe m'a apprise quand je préparais mon CAP de cuisine. Cette recette a une histoire propre à ma ville. Elle tient son nom des ouvriers de la soie, qu'on appelait les canuts et qui, contrairement aux bourgeois, n'avaient pas de quoi mettre de la cervelle d'agneau sur les tables du dimanche. Ils mangeaient alors ce plat « du pauvre » sur du pain. La cervelle des canuts est aujourd'hui un plat traditionnel qu'on mange dans les bouchons lyonnais.
- Je l'associe au sabbat de Litha car c'est une recette pleine d'herbes fraîchement récoltées, bel hommage aux récoltes druidiques et recette qu'on peut adapter en fonction de l'intention que l'on souhaite y mettre.
- Sa fraîcheur contrebalance les pommes de terre chaudes sur lesquelles on la verse, ce qui est une belle allégorie du passage de la saison claire à la saison froide comme les Celtes pouvaient le penser à une époque où seules deux saisons étaient observées dans l'année.

Tartine estivale ricotta-tapenade

Chaudrons : 1/5
Sabliers : 1/5
Bourses : 2/5

Ingrédients

(pour 4 tartines)

4 tranches de pain de campagne ou de pain aux céréales
200 g de ricotta
½ tasse de tapenade d'olives noires
2 cuil. à soupe d'huile d'olive extra vierge
Sel, poivre noir fraîchement moulu
Feuilles de basilic frais

Préparation

- Faites griller légèrement les tranches de pain de campagne dans un grille-pain ou sur un gril jusqu'à ce qu'elles soient dorées et croustillantes.
- Dans un bol, mélangez la ricotta avec l'huile d'olive. Salez, poivrez.
- Étalez la tapenade d'olives noires sur chaque tranche de pain grillé.
- Répartissez généreusement la ricotta sur la couche de tapenade.
- Arrosez légèrement les tartines d'un filet d'huile d'olive supplémentaire. Assaisonnez avec un peu de sel et de poivre.
- Décorez les tartines avec des feuilles de basilic frais pour apporter une touche de fraîcheur.

L'info magique

- Cette recette est, malgré sa simplicité, une alliée de choix pour les travaux magiques du solstice.
- Les olives qui composent la tapenade et l'huile d'olive étaient utilisées dans les pratiques magiques méditerranéennes, souvent dans les rituels liés à la connexion, à la spiritualité et au divin. La ricotta et le basilic, issus des mêmes régions, sont des ingrédients qu'on peut utiliser pour la magie amoureuse. Cette recette sera une offrande appréciée des dieux en cette période de solstice.

Clafoutis léger aux légumes d'été et coulis de tomates

Chaudrons : 3/5
Sabliers : 3/5
Bourses : 2/5

Ingrédients
(pour 4 personnes)

Pour le clafoutis aux légumes d'été

1 courgette, coupée en rondelles
1 poivron rouge, coupé en dés
1 poivron jaune, coupé en dés
1 oignon, émincé
200 g de tomates cerises, coupées en deux
150 g de farine
3 œufs
250 ml de lait écrémé
50 g de fromage râpé (parmesan, gruyère...)
2 cuil. à soupe d'huile d'olive
Sel, poivre, herbes de Provence

Pour le coulis de tomates

500 g de tomates mûres, coupées en morceaux
1 gousse d'ail, émincée
1 cuil. à soupe d'huile d'olive
Sel, poivre

Préparation

▪ clafoutis

• Préchauffez le four à 180 °C (th. 6).

• Dans une poêle, faites revenir l'oignon émincé dans l'huile d'olive jusqu'à ce qu'il soit transparent. Ajoutez ensuite les courgettes, les poivrons et les tomates cerises. Faites cuire jusqu'à ce que les légumes soient tendres. Assaisonnez avec du sel, du poivre et des herbes de Provence si vous le souhaitez.

• Dans un saladier, mélangez la farine, les œufs et le lait. Ajoutez le fromage râpé et mélangez jusqu'à obtention d'une pâte lisse.

• Disposez les légumes cuits dans un plat à gratin. Versez la pâte à clafoutis sur les légumes.

• Enfournez le tout 30 à 35 min, ou jusqu'à ce que le dessus du clafoutis soit doré et qu'une lame insérée au centre en ressorte propre.

▪ coulis de tomates

• Dans une casserole, faites chauffer l'huile d'olive et ajoutez l'ail émincé. Faites revenir pendant quelques instants, puis ajoutez les moitiés de tomate. Laissez mijoter à feu doux jusqu'à ce que les tomates soient bien cuites.

• Utilisez un mixeur plongeant pour réduire les tomates en purée. Passez le coulis au tamis pour obtenir une consistance plus lisse. Salez, poivrez.

• Servez le clafoutis aux légumes d'été chaud, accompagné du coulis.

L'info magique

• Les légumes utilisés dans cette recette sont des fruits du premier soleil. Ce clafoutis est rempli des énergies du solstice, et le consommer est une belle façon de faire un lien à la terre, de s'ancrer en cette journée souvent forte en rituels magiques.

Charlotte des fées
à la mousse de fraise et aux biscuits roses

Chaudrons : 5/5
Sabliers : 3/5
Bourses : 3/5

Ingrédients

(pour 8 personnes)

500 g de fraises, lavées, équeutées et coupées en tranches
200 g de biscuits roses de Reims
500 g de fromage blanc ou de yaourt grec
200 g de sucre
200 ml de crème fraîche liquide
8 feuilles de gélatine
1 cuil. à café d'extrait de vanille
Un peu de sucre glace pour la décoration

Préparation

- Disposez les biscuits roses de Reims dans le fond du moule à charlotte et tapissez-en les parois, en mettant les faces sucrées contre la paroi pour qu'elles soient à l'extérieur une fois la charlotte démoulée.
- Assurez-vous que les biscuits sont bien en place.
- Faites tremper les feuilles de gélatine dans de l'eau froide 5 min environ pour les ramollir.
- Fouettez la crème fraîche jusqu'à ce qu'elle forme des pics mous.
- Faites fondre les feuilles de gélatine ramollies dans un peu d'eau chaude. Ajoutez-les ensuite à la crème fouettée et mélangez bien.
- Dans un bol, mélangez le fromage blanc (ou le yaourt grec) avec le sucre et l'extrait de vanille, puis ajoutez doucement la crème fouettée au mélange.
- Versez une belle couche du mélange de crème sur les biscuits roses. Assurez-vous que la crème pénètre bien entre les biscuits.
- Disposez une couche de tranches de fraises sur la crème.
- Alternez les couches de fraises et de crème jusqu'à ce que le moule soit rempli. Terminez par une couche de crème.
- Placez la charlotte au réfrigérateur au moins 4 h, voire toute une nuit, pour que la gélatine prenne et que la charlotte se solidifie.
- Avant de servir, démoulez la charlotte sur un joli plat.
- Décorez le sommet de la charlotte avec des fraises tranchées et saupoudrez légèrement de sucre glace.

L'info magique

- Voici un dessert digne de la reine des fées ! Cette charlotte demande du temps et de l'investissement, mais rend hommage à la beauté et à la magie du solstice. Le biscuit rose de Reims est un produit rare, mais il apporte une dimension féerique à votre gâteau. Le sucre, la vanille et les fraises sont des ingrédients liés à Venus, qui attirent l'amour. La crème et le yaourt sont là pour appeler la douceur.
- Cette charlotte serait un dessert parfait pour une union célébrée au solstice.

Tarte à la confiture

Chaudrons : 3/5
Sabliers : 2/5
Bourses : 2/5

Ingrédients
(pour 6 personnes)

200 g de farine
100 g de beurre froid, coupé en petits morceaux
1 pincée de sel
Eau froide (env. 3 à 4 cuil. à soupe)
1 pot d'excellente confiture.
1 œuf (pour la dorure)
Sucre glace (facultatif)

Conseil

Choisissez une confiture maison ou artisanale, de fruits en lien avec le solstice, d'abricots ou de fraises par exemple. Ma préférée ? Une bonne confiture maison fraise-rhubarbe !

Préparation

- Dans un grand bol, mélangez la farine et le sel.
- Ajoutez les morceaux de beurre froid. Utilisez vos doigts pour incorporer le beurre jusqu'à ce que le mélange ressemble à du sable grossier.
- Ajoutez progressivement de l'eau froide, 1 cuil. à soupe à la fois, en mélangeant avec une fourchette jusqu'à ce que la pâte commence à se former. Cessez d'ajouter de l'eau dès que la pâte peut être rassemblée en une boule.
- Formez la pâte en une boule, enveloppez-la dans du film alimentaire et placez-la au réfrigérateur au moins 30 min.
- Préchauffez votre four à 180 °C (th. 6).
- Sur un plan de travail légèrement fariné, abaissez la pâte en un cercle suffisamment grand pour couvrir le fond de votre moule à tarte.
- Transférez délicatement la pâte abaissée dans votre moule à tarte préalablement beurré ou chemisé de papier sulfurisé. Ajustez la pâte pour qu'elle épouse bien les contours du moule.
- Étalez la confiture sur le fond de tarte.
- Réalisez une décoration avec des bandes de pâte en formant des croisillons sur le dessus. Badigeonnez les bords de la tarte avec l'œuf battu pour une jolie dorure.

- Faites cuire au four préchauffé 25 à 30 min, ou jusqu'à ce que la croûte soit dorée.
- Laissez la tarte refroidir avant de la découper. Si vous le souhaitez, saupoudrez de sucre glace avant de servir pour décorer la tarte.

L'info magique

- Je dois vous avouer que cette tarte est un de mes desserts préférés, cuisine magique ou non. Évidemment, la confiture de fruits de saison, le sucre et la présence de blé ont leurs propres vertus magiques, mais cette tarte est surtout belle ! C'est exactement ce qu'on a envie de voir sur une table de célébration de solstice. Une tarte digne de Blanche-Neige, sur laquelle on a l'impression que de jolis moineaux colorés vont venir se poser pour chantonner.
- Vous pouvez ajouter à la pâte des graines de votre choix pour un peu plus de magie… et de croquant. Du pavot pour la fertilité, des graines de lin pour la prospérité, des graines de sésame pour la sexualité, voire des éclats de noisette pour la sagesse.

Petits pains moelleux
au beurre aux herbes

Chaudrons : 2/5
Sabliers : 3/5
Bourses : 1/5

Ingrédients
(pour 6 à 8 petits pains)

420 g de farine T55
120 g de beurre salé
8 gousses d'ail
3 œufs
3 cuil. à soupe d'herbes (persil, ciboulette coriandre)
1 sachet de levure boulangère sèche
15 cl de lait tiède + un peu de lait pour la dorure
1 cuil. à café de sel
Poivre du moulin

Préparation

- Préparez la pâte : faites fondre 70 g de beurre salé dans le lait à feu doux. Laissez-le tiédir. Dans le bol du robot, versez la farine, la levure, le sel, puis les œufs un à un en pétrissant. Quand le lait au beurre est tiède (surtout pas chaud), versez-le dans le bol du robot et continuez de pétrir 5 min.
- Si vous n'avez pas de robot, pétrissez cette pâte à la main jusqu'à ce qu'elle ne soit plus collante.
- Pelez et hachez 5 gousses d'ail et les herbes. Réservez une partie des herbes. Ajoutez l'autre partie à la pâte avec quelques tours de moulin à poivre. Formez une boule, recouvrez-la d'un linge et laissez gonfler 1 h.
- Évacuez le gaz de la pâte en la pressant sur un plan de travail fariné, retournez-la et recommencez plusieurs fois. Puis formez 12 boules de taille identique et déposez-les sur une plaque recouverte de papier sulfurisé. Laissez-les pousser 30 min, à nouveau couvertes d'un linge.
- Préchauffez le four à 180 °C (th. 6). À l'aide d'un pinceau, badigeonnez les brioches avec un peu de lait. Enfournez 25 min.
- À la sortie du four, faites fondre 50 g de beurre salé, ajoutez 3 gousses d'ail hachées et le reste des herbes réservées et nappez-en les brioches. Dégustez-les encore chaudes.

L'info magique

- Ces petits pains sont parfaits sur une table de Litha, car en plus de représenter la fertilité et le lien à la terre, l'ail et les herbes fraîches dans et sur la pâte en font un aliment dédié à la protection. Ils seront par ailleurs un délicieux accompagnement à vos plats de fête, et peuvent tout à fait être tartinés des beurres dont la recette est p. 145.

Vos recettes

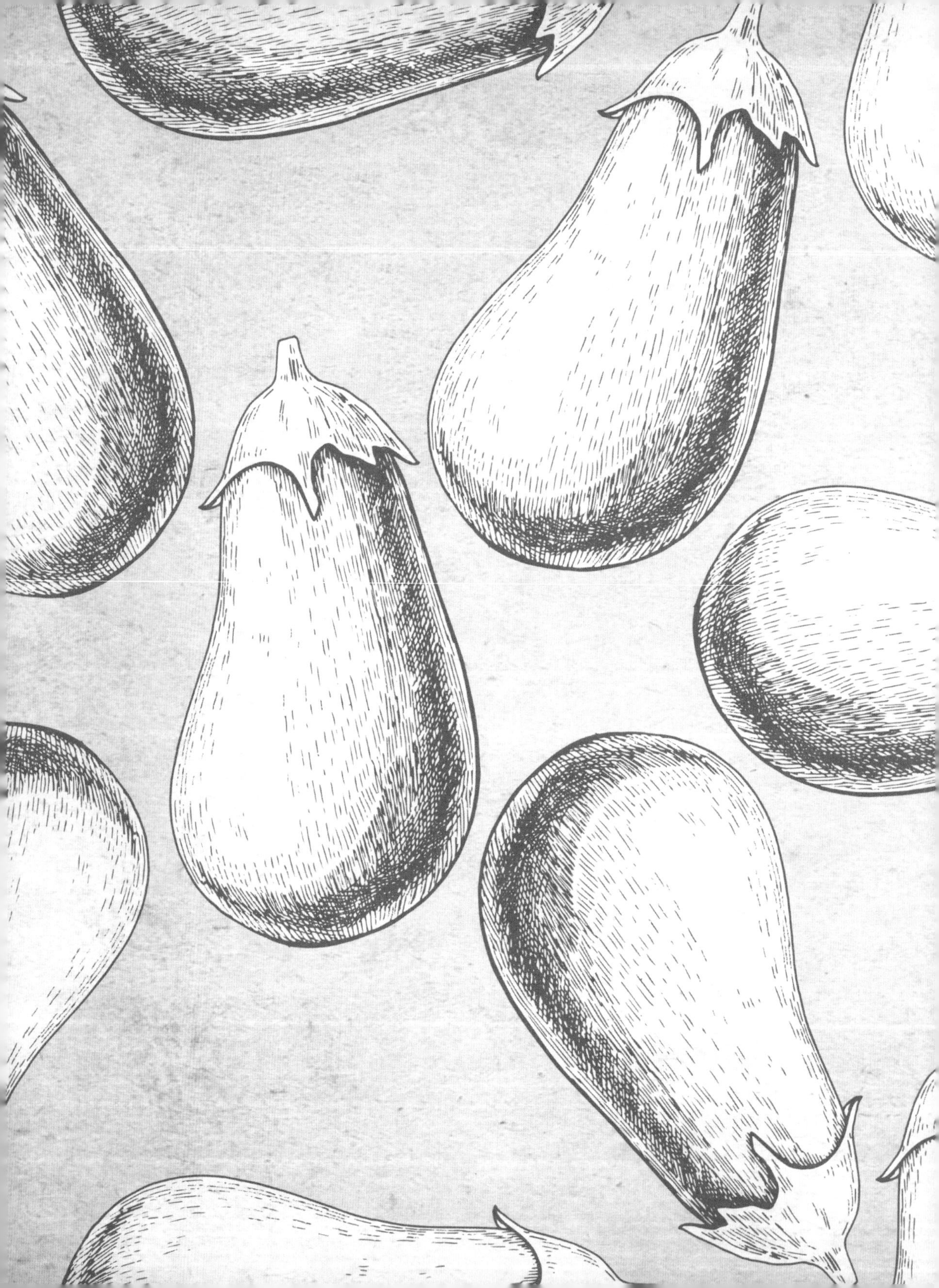

Lugnasad

Un peu d'histoire

Lugnasad

Lugnasad est le premier des trois sabbats célébrant les récoltes. C'est la première fête des moissons.

Il est célébré dans la nuit du 31 juillet au 1er août, ou dans la journée du 1er août elle-même. Les dates astronomiques peuvent le situer un peu plus tard en août, et on peut décider de le célébrer au moment des premières récoltes.

On trouve plusieurs orthographes de ce sabbat, de Lúnasa à Lughnasadh, voire Lammas dans certains pays.

Ce sabbat est issu de la culture irlandaise et signifie littéralement « l'assemblée de Lugh ». Lugh faisait référence au dieu-roi de la Tuath Dé Danann (la tribu de la déesse Dana), fils adoptif de Tailtiu. Lugh (parfois écrit Lug) est souvent considéré comme un dieu solaire, associé à la lumière et au soleil. Il est réputé pour sa polyvalence et son talent dans de nombreux domaines. Il est souvent décrit comme un maître dans l'artisanat, la musique, la poésie, la guerre, entre autres compétences.

C'est un dieu avec une histoire très complète, et si vous souhaitez en apprendre plus à son sujet, je vous recommande grandement de vous plonger dans les livres qui lui sont dédiés.

Comme lors des trois autres sabbats majeurs, il est de coutume de faire un grand feu, en référence à la dimension solaire du dieu.
C'est aussi un moment où sont organisés des « jeux » (des compétitions athlétiques). J'aime mettre en place de petites compétitions pour les enfants dans le jardin ce jour-là pour entretenir cette tradition. Les jeux originels auraient été imaginés par Lugh en l'honneur de sa mère adoptive qui serait morte d'épuisement en nettoyant les champs d'Irlande afin de les préparer aux récoltes. Dans certaines traditions, cela en fait également le début de la saison des défunt·e·s, avec la mort symbolique des champs après les récoltes, et qui s'étalera jusqu'à Samhain.
C'est un sabbat dédié à la gratitude. On y remercie les dieux pour la fertilité de nos projets, comme pour celle de la terre qui remplit nos assiettes.

On trouve à travers le monde de nombreuses cultures et de religions qui célèbrent les moissons par des fêtes et des festivals ; ils portent d'autres noms, mais se déroulent à peu près à la même époque. On les rencontre en Afrique, en Russie, chez les peuples natifs aux États-Unis, mais on en trouve aussi des traces anciennes dans l'Empire romain et dans la culture juive.

L'art de la table

- Lugnasad étant un sabbat très solaire, les décorations de table arboreront des tons rappelant la terre et le soleil. Du **jaune** et **marron** surtout, mais aussi du **vert** pour la fertilité, du **doré** pour la réussite et représenter le dieu.

✦

- Ornez votre table avec des **tournesols**. C'est toujours une joie pour moi de faire entrer ces mini-soleils dans la maison à cette période-là ! Les **gerbes de blé**, les épis de maïs sont de merveilleuses décorations naturelles. Et si vous aimez utiliser vos mains, il est de coutume de fabriquer des poupées de maïs pour ce sabbat.

✦

- Les **pivoines** sont des fleurs symboliques de Lugnasad.

✦

- Je n'ai pas mis de recette de pain dans ce chapitre. Cependant, c'est l'ingrédient phare de ce sabbat. Dans certaines régions, on appelle d'ailleurs cette célébration « la fête du pain ». N'hésitez pas à préparer votre pain, en le pétrissant à la main.

(Personnellement, le fait de fabriquer mon propre pain a un effet méditatif que j'utilise pour m'ancrer en me connectant à la matière et à la terre.)

✦

- Un beau pain, tressé ou gravé de sigils ou de symboles magiques, fera une parfaite décoration de votre table pour Lugnasad.

✦

- Enfin, vous pouvez déposer sur votre table de la **citrine**, de la **cornaline** ou du **quartz**, qui sont des pierres liées à l'énergie solaire.

Pastèque
Raisin
Pomme de terre
Figue
Auber
Frais
Framboise
Épin
Courgette

Les recettes

Lugnasad est le sabbat où les fruits et légumes d'été sont les plus abondants. Cependant, la chaleur peut parfois couper l'envie d'allumer la cuisinière, ou de manger des repas trop consistants. Heureusement, l'abondance de crudités permet de prévoir des repas légers, de saison, en lien profond avec la terre.

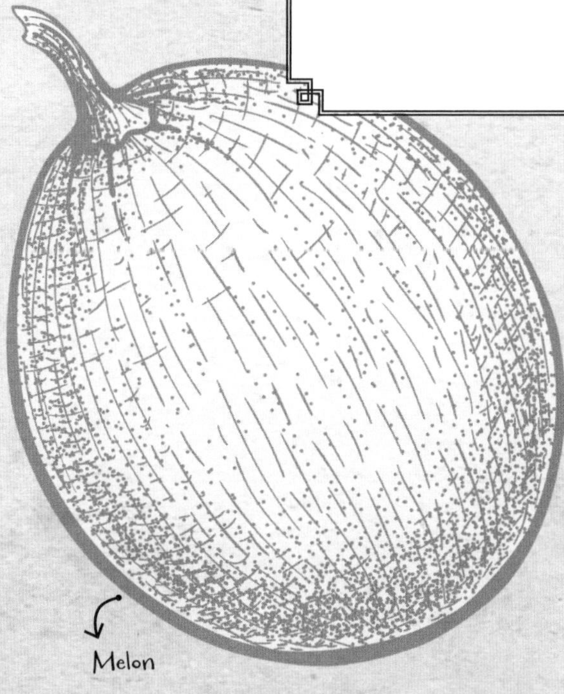

Millefeuille d'aubergines concassé de tomates mozzarella-basilic

Chaudrons : 1/5
Sabliers : 2/5
Bourses : 2/5

Ingrédients

(pour 4 personnes)

2 aubergines, lavées et tranchées finement
2 tomates, concassées
200 g de mozzarella, coupée en tranches
Feuilles de basilic frais
Huile d'olive
Sel, poivre

Préparation

- Préchauffez le four à 180 °C (th. 6). Tranchez les aubergines en fines rondelles. Disposez-les sur une plaque de cuisson tapissée de papier sulfurisé.
- Badigeonnez les tranches d'aubergine d'huile d'olive des deux côtés. Salez, poivrez. Faites cuire au four 15 à 20 min, ou jusqu'à ce que les tranches d'aubergine soient tendres et légèrement dorées. Retirez-les du four et laissez-les refroidir.
- Concassez les tomates en retirant les pépins et en les coupant en petits dés.
- Assaisonnez les tomates concassées avec du sel, du poivre et un filet d'huile d'olive. Ajoutez des feuilles de basilic ciselées.
- Sur chaque assiette, commencez par placer une tranche d'aubergine. Ajoutez 1 cuil. à soupe de concassé de tomates, une tranche de mozzarella et quelques feuilles de basilic. Répétez le processus pour créer une pile de plusieurs couches.
- Terminez le millefeuille avec une tranche d'aubergine sur le dessus, et déposez une belle feuille de basilic et un filet d'huile d'olive.

L'info magique

- Cette recette rassemble des ingrédients propres à l'abondance comme l'aubergine et le basilic, qui, combinés à la mozzarella, qui est un ingrédient lié à la terre, en font un plat appelant la générosité de la terre pour cette fête des premières moissons.

Salade de concombre, vinaigrette aux graines de tournesol

Chaudrons : 2/5
Sabliers : 1/5
Bourses : 2/5

Ingrédients

(pour 4 personnes)

2 concombres, épluchés et coupés en demi-rondelles
60 g de graines de tournesol
1 gousse d'ail hachée
Mélange d'herbes hachées de votre choix (pour moi : persil, estragon, thym, aneth)
2 cuil. à soupe de jus de citron
1 pot de yaourt grec
Sel, poivre

Préparation

- Dans un bol, mélangez le yaourt au jus de citron, puis ajoutez l'ail et les herbes hachées, le sel et le poivre, puis les graines de tournesol que vous pouvez concasser en partie.
- Ajoutez les concombres tranchés et mélangez jusqu'à ce que la sauce les enrobe bien.
- Laissez reposer la salade au frais 30 min avant de la servir, afin que les saveurs se diffusent bien dans la sauce.

L'info magique

- Cette recette est très simple mais fraîche, et sera parfaite pour les repas pris au cœur de l'été.
- Les graines de tournesol en sont l'élément principal. Elles sont liées en cuisine magique au succès et à la réussite, ce qui est fortement en lien avec la célébration du sabbat de Lugnasad.

Pizza feuilletée aux courgettes, parmesan et ail rôti

Chaudrons : 2/5
Sabliers : 3/5
Bourses : 2/5

Ingrédients
(pour 6 personnes)

1 pâte feuilletée
2 courgettes, coupées en fines rondelles
1 tête d'ail entière
2 cuil. à soupe d'huile d'olive
½ tasse de parmesan râpé
Sel, poivre

Préparation

- Préchauffez le four à 180 °C (th. 6). Coupez la partie supérieure de la tête d'ail pour exposer les gousses. Placez-la sur une feuille de papier d'aluminium, arrosez d'huile d'olive, saupoudrez de sel, puis enveloppez-la dans le papier d'aluminium. Faites rôtir au four 30 min environ, jusqu'à ce que les gousses d'ail soient tendres.
- Pendant que l'ail rôtit, faites sauter les rondelles de courgette dans une poêle avec un peu d'huile d'olive jusqu'à ce qu'elles soient légèrement dorées. Salez, poivrez. Réservez.
- Déroulez la pâte feuilletée directement sur la plaque de cuisson.
- Pressez les gousses d'ail rôties sur la pâte feuilletée, et étalez-les grossièrement avec le dos d'une cuillère pour ne pas déchirer la pâte.
- Disposez les rondelles de courgette uniformément sur la pizza.
- Saupoudrez le parmesan râpé sur les courgettes.
- Faites cuire au four préchauffé entre 15 et 20 min, ou jusqu'à ce que la croûte soit dorée et croustillante.

L'info magique

- Cette pizza estivale se compose d'ingrédients liés à la terre et à la fertilité, avec le blé de la pâte feuilletée et la courgette. La purée d'ail rôti ajoute une touche de protection si vous prévoyez ce plat dans le cadre d'un rituel de prospérité.
- Mais c'est également un plat léger et délicieux adapté à la saison.

Légumes, pois chiches et halloumi grillé, sauce vinaigrée à la menthe

Chaudrons : 2/5 Sabliers : 1/5 Bourses : 2/5

Ingrédients

(pour 4 personnes)

200 g de pois chiches cuits (en conserve, rincés et égouttés)
250 g de halloumi, coupé en tranches
1 concombre, coupé en rondelles
1 poivron rouge, coupé en dés
2 tomates, coupées en dés
1 oignon rouge, émincé
2 cuil. à soupe d'huile d'olive
Sel, poivre
Paprika (facultatif)

Pour la sauce vinaigrée à la menthe

3 cuil. à soupe d'huile d'olive
2 cuil. à soupe de vinaigre balsamique
1 cuil. à soupe de miel
1 petite poignée de feuilles de menthe fraîche, hachées finement
Sel, poivre

Préparation

- Dans un grand bol, mélangez les crudités découpées avec de l'huile d'olive. Assaisonnez avec du sel, du poivre et du paprika si vous le souhaitez.
- Déposez les tranches de halloumi dans une poêle chaude et faites-les griller 1 à 2 min de chaque côté jusqu'à ce qu'elles soient dorées.
- Dans un petit bol, mélangez l'huile d'olive, le vinaigre balsamique, le miel et les feuilles de menthe hachées. Salez, poivrez à votre goût.
- Dans un saladier, mélangez les pois chiches avec les légumes et les tranches de halloumi.
- Arrosez le tout avec la sauce vinaigrée à la menthe.

Conseil

Vous pouvez rendre ce plat plus consistant en y ajoutant de la semoule ou du quinoa, cela ne fera que renforcer la symbolique du lien à la terre et l'ancrage de cette recette.

L'info magique

- Le poivron et le paprika, par leur couleur et leurs attributs, sont des ingrédients liés au feu, donc à la puissance, à l'énergie. Cette recette est idéale avant les jeux des célébrations de Lugnasad.
- La menthe, le concombre et le miel sont, eux, des ingrédients liés à la guérison ; plus globalement, ils sont parfaits pour s'assurer une bonne santé.
- Cette recette est fraîche, agréable en cette saison chaude, et le halloumi lui apporte un peu de peps, mais aussi de douceur, tout en appelant la protection liée aux produits laitiers.

Pancakes moelleux au maïs

Chaudrons : 2/5
Sabliers : 2/5
Bourses : 2/5

Ingrédients
(pour 4 personnes)

150 g de maïs en grains (frais ou en conserve, égoutté)
120 g de farine de maïs
65 g de farine tout usage
1 œuf
240 ml de lait
1 cuil. à café de levure chimique
½ cuil. à café de bicarbonate de soude
¼ cuil. à café de sel
30 g de beurre fondu
Beurre ou huile pour la cuisson

Préparation

- Dans un grand bol, mélangez la farine de maïs, la farine tout usage, la levure chimique, le bicarbonate de soude et le sel.
- Dans un autre bol, battez l'œuf et ajoutez le lait et le beurre fondu. Mélangez bien.
- Ajoutez les ingrédients liquides aux ingrédients secs. Remuez juste assez pour combiner les ingrédients. Ne mélangez pas trop, il est normal que la pâte soit un peu grumeleuse.
- Incorporez les grains de maïs dans la pâte et mélangez délicatement.
- Préchauffez une poêle à feu moyen et ajoutez un peu de beurre ou d'huile pour en graisser légèrement le fond.
- Versez une louche sur la poêle chaude. Étalez légèrement la pâte si nécessaire pour obtenir des pancakes uniformes.
- Faites cuire les pancakes jusqu'à ce que des bulles commencent à se former à la surface, puis retournez-les et faites-en cuire l'autre face jusqu'à ce qu'ils soient dorés.
- Répétez l'opération jusqu'à ce que toute la pâte soit utilisée.

L'info magique

- Le maïs est mon ingrédient phare du sabbat de Lugnasad. Il représente le lien à la terre, à la fertilité et aux récoltes. Les champs de maïs colorent à perte de vue la campagne. Traditionnellement, c'est d'ailleurs le sabbat où l'on réalise les poupées avec les feuilles de maïs.
- Proposer une recette dont il est l'ingrédient principal m'a semblé tout naturel. Ces petits pancakes salés sont parfaits pour accompagner une salade, ou dégustés accompagnés de beurre ou de fromage frais.
- Petit plus, la forme ronde de ces pancakes, tout comme les crêpes d'imbolc, est un bel hommage au soleil, qui a rendu fécond le sol qu'on moissonne lors de cette première fête des récoltes.

Gâteau au miel et à l'orange

Chaudrons : 2/5
Sabliers : 2/5
Bourses : 2/5

Ingrédients

(pour 8 personnes)

200 g de farine tout usage
150 g de beurre non salé, ramolli
150 g de sucre
3 œufs
80 g de miel
1 cuil. à café de levure chimique
½ cuil. à café de bicarbonate de soude
¼ cuil. à café de sel
Jus d'orange fraîchement pressé (env. ½ tasse)
60 ml de lait

Préparation

- Préchauffez votre four à 180 °C (th. 6).
- Graissez et farinez un moule à gâteau de votre choix.
- Dans un bol, mélangez la farine, la levure chimique, le bicarbonate de soude et le sel.
- Dans un autre grand bol, battez le beurre ramolli avec le sucre jusqu'à ce que le mélange devienne léger et crémeux.
- Ajoutez les œufs un à un, en battant bien après chaque ajout.
- Ajoutez progressivement le mélange sec au mélange de beurre, mélangez jusqu'à ce que la pâte soit homogène.
- Ajoutez le miel et le jus d'orange fraîchement pressé. Mélangez bien pour incorporer.
- Ajoutez le lait et mélangez jusqu'à obtenir une pâte lisse.
- Versez la pâte dans le moule préparé et lissez le dessus. Faites cuire au four préchauffé 30 à 35 min, ou jusqu'à ce qu'un cure-dents inséré au centre en ressorte propre.

L'info magique

- Le miel comme l'orange sont des ingrédients du soleil. Les abeilles pollinisent des fleurs qui ne peuvent avoir du pollen que grâce au soleil. Les ingrédients solaires sont souvent dédiés à Vénus et à la magie amoureuse. Ce gâteau est un concentré de douceur, et sera une belle offrande aux divinités célébrées lors de ce sabbat. Mais il peut simplement être partagé avec un être aimé !

Verrines de graines de chia
à la pêche

Chaudrons : 1/5
Sabliers : 3/5
Bourses : 2/5

Ingrédients
(pour 4 personnes)

3 cuil. à soupe de graines de chia
240 ml de lait (végétal ou de vache)
1 cuil. à café de miel ou de sirop d'érable pour une option 100 % végétale (ou plus selon votre goût)
½ cuil. à café d'extrait de vanille
2 pêches mûres, pelées et coupées en dés
Flocons d'avoine

Préparation

- Dans un bol, mélangez les graines de chia, le lait, le miel et l'extrait de vanille. Remuez bien pour vous assurer que les graines de chia sont bien réparties. Laissez reposer le mélange au réfrigérateur au moins 2 h, idéalement toute une nuit. Remuez à nouveau au bout de 30 min pour éviter que les graines ne se regroupent.
- Une fois que le mélange de graines de chia a épaissi, prenez des verrines ou des verres transparents.
- Dans chaque verrine, alternez des couches de mélange de graines de chia avec des dés de pêche.
- Garnissez le dessus des verrines avec quelques dés de pêche supplémentaires et saupoudrez de flocons d'avoine.
- Vous pouvez les déguster immédiatement ou les laisser reposer au réfrigérateur jusqu'au moment de servir.

L'info magique

- La pêche arrive à maturité sous le soleil du cœur de l'été. Elle est le symbole de l'amour et du bonheur en cuisine magique. Elle est mêlée aux graines de chia, qui représentent la fécondité. Cette recette alterne les couches comme les éléments divers qui font une relation.
- Cette verrine est un dessert doux à partager avec la personne aimée.

Vos recettes

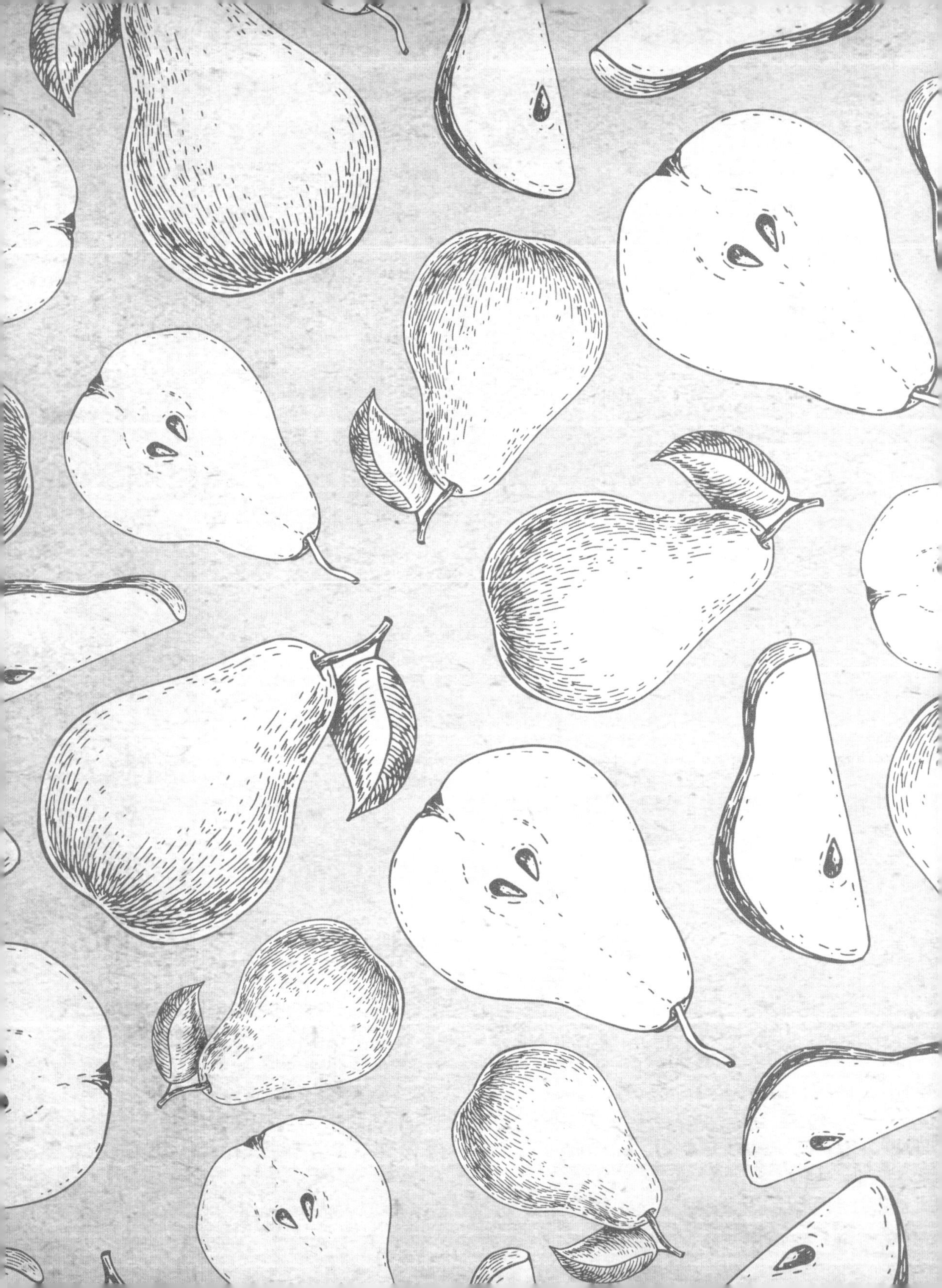

Mabon

Un peu d'histoire

Mabon

Mabon, tout comme Ostara,
est un sabbat qui a été ajouté tardivement aux célébrations de la roue de l'année. Son nom d'ailleurs n'a pas de racine ancienne, mais a été inventé par Aidan Kelly, une figure de la Wicca américaine des années 1960.

Mabon fête l'équinoxe d'automne, entre le 21 et le 23 septembre. C'est le moment où le jour et la nuit sont égaux, mais c'est aussi le signal que les nuits vont se faire plus longues.

C'est un sabbat qui n'appelle pas à de grandes célébrations. Lors de cette deuxième fête des moissons, on concentre davantage les énergies de ce sabbat sur l'introspection. N'oublions pas que, sur la roue de l'année, Mabon est le dernier sabbat avant la nouvelle année sorcière. C'est le moment idéal pour faire le bilan de l'année écoulée, faire le point sur ce que nous avons récolté, tant en au niveau matériel que spirituel.

C'est aussi le moment de se préparer pour la saison froide, en confectionnant bocaux, conserves et confitures avec les dernières récoltes estivales. Pour nos ancêtres, c'était le seul moyen de s'assurer d'avoir de quoi manger pendant les mois sombres ; même si, aujourd'hui, nous n'avons plus ce genre de considération, il est toujours agréable d'avoir à disposition des légumes du jardin en plein hiver en ouvrant un bocal préparé à l'automne.

De la même façon, pour se connecter aux énergies de l'entrée dans l'automne, une de nos activités familiales préférées est d'aller au verger cueillir quelques kilos de pommes. S'ensuivent quelques jours de cuisine pour en faire des compotes ou des pommes séchées à déguster tout l'hiver.
Même si, comme nous l'avons vu plus haut, la célébration de Mabon est plutôt récente, on trouve des fêtes célébrant l'automne à toutes époques et dans toutes les cultures.

Bien sûr, on ne peut évoquer l'arrivée de l'automne sans parler du mythe de Perséphone, déesse grecque descendant aux Enfers retrouver son époux pendant l'hiver, avant de revenir sur terre au printemps et de ressusciter la nature.

La Stregheria, une branche italienne de la sorcellerie, a sa propre version de la fête des moissons, tout comme les druides célèbrent Alban Elfed chez les druides, les Celtes la fête d'Avalon, la tradition slave la dozynsky. On peut aussi y associer Souccot, une fête juive suivant Roch Hachana et Kippour, respectivement le nouvel An et le jour du Grand Pardon, ou encore Erntedankfest (fête de la récolte) dans l'Allemagne rurale.

L'art de la table

Les couleurs de Mabon sont assez proches de celles de Lúnasa. Du **brun**, de l'**orange**, du **jaune** et du **vert**. Cependant, la décoration de table va être bien différente !

- En effet, l'arrivée de l'automne est centrée sur la nature forestière qui change en cette saison. Nous ne sommes pas encore à Samhain, mais on sent déjà quelques énergies de mort, avec des feuilles orange qui tombent des arbres.

✦

- Ainsi, vous pouvez orner votre table de **guirlandes de feuilles mortes**, mais aussi de petites représentations de **champignons**, le symbole phare de l'arrivée du printemps.

✦

- Ajouter quelques représentations des animaux liés à automne, comme l'écureuil, la **biche** ou la **chouette**, qui apporteront à votre table joie, paix et sagesse.
- Si vous êtes fan de brocante, ou si vous savez tresser le jonc, n'hésitez pas à disposer sur votre table une **corne d'abondance**, que vous pourrez remplir de fruits de saison et disposer comme centre de table.

✦

- Enfin, de belles **bougies** aux couleurs du sabbat rendront votre table cosy, puisque finalement, l'automne, c'est l'arrivée de la saison des plaids, des boissons chaudes et du cocooning !

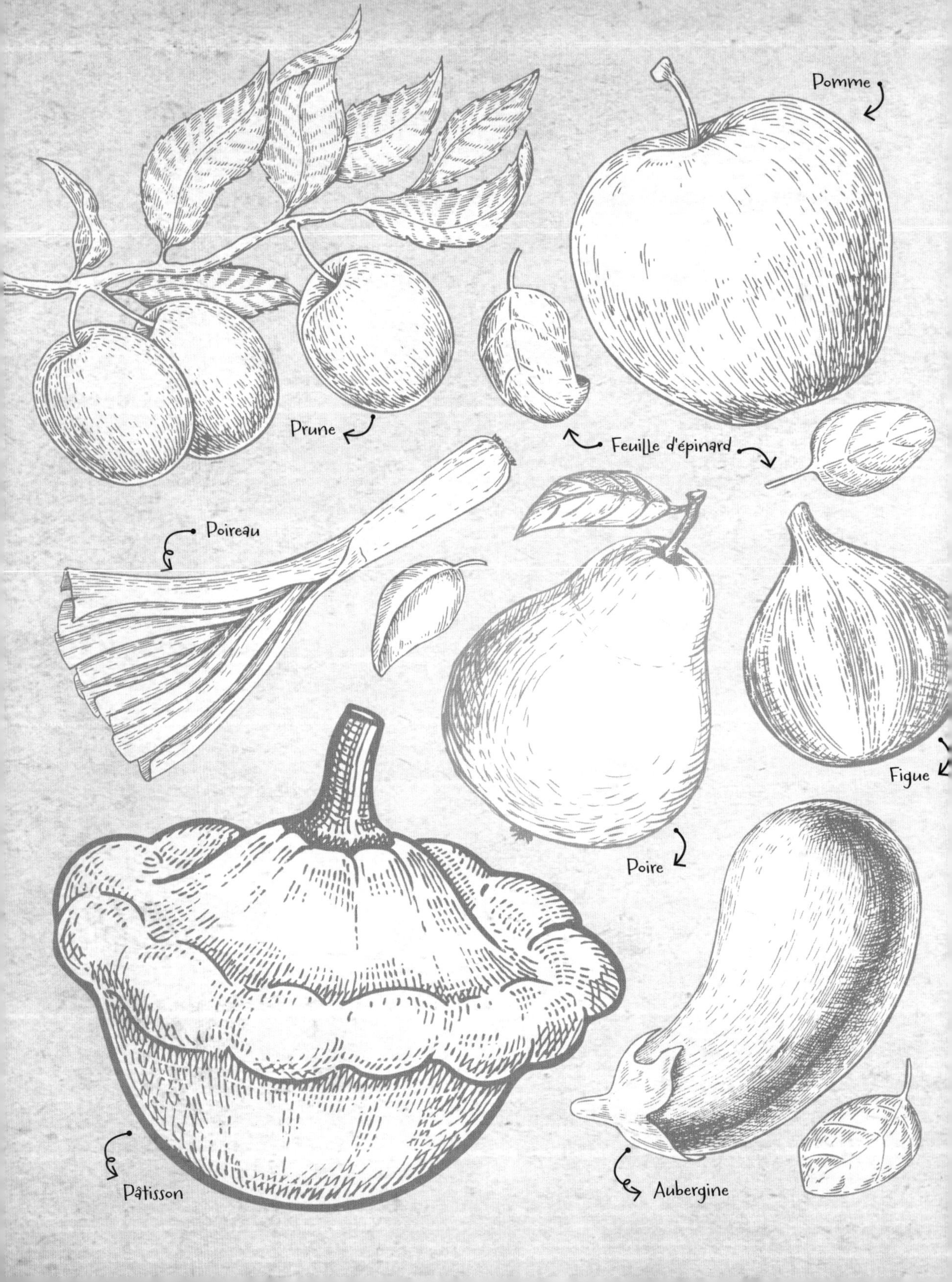
Pomme
Prune
Feuille d'épinard
Poireau
Figue
Poire
Pâtisson
Aubergine

Les recettes

Alors que le temps se rafraîchit, que les feuilles jaunissent et tombent des arbres, il est temps de retrouver dans sa cuisine les légumes réconfortants que l'on apprécie lorsqu'arrive la rentrée des classes.

Mabon symbolise l'arrivée officielle de l'automne, mais on peut encore trouver les derniers légumes d'été. On est vraiment à mi-chemin entre le chaud et le froid, entre la saison claire et la saison sombre. L'abondance est présente dans les récoltes, c'est le moment d'en profiter.

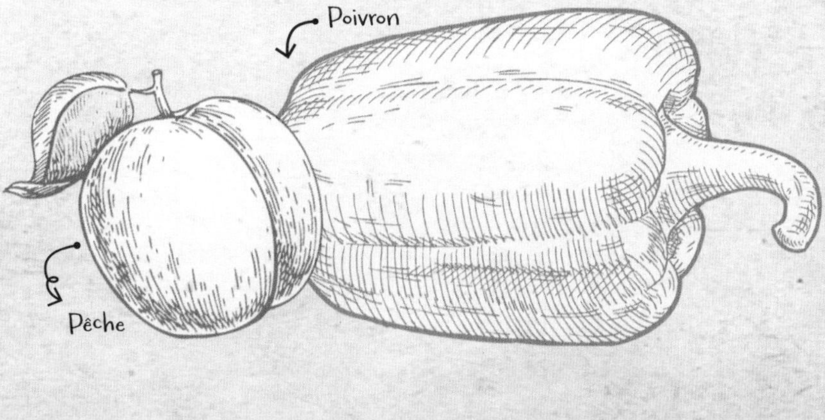

Tartelette au pavot, roquefort et noix

Chaudrons : 3/5
Sabliers : 2/5
Bourses : 2/5

Ingrédients
(pour 4 personnes)

200 g de farine
100 g de beurre froid, coupé en petits morceaux
50 g de roquefort
50 g de cerneaux de noix, concassés
150 ml de crème fraîche
1 cuil. à soupe de graines de pavot
1 pincée de sel
Sel, poivre

Préparation

- Dans un grand bol, mélangez la farine, les graines de pavot et la pincée de sel.
- Ajoutez le beurre froid et mélangez du bout des doigts jusqu'à obtenir une texture sablonneuse.
- Ajoutez progressivement de l'eau froide, 1 cuil. à soupe à la fois, en mélangeant jusqu'à ce que la pâte forme une boule. Ne travaillez pas trop la pâte.
- Enveloppez-la dans un film alimentaire et réfrigérez 30 min.
- Préchauffez le four à 180 °C (th. 6).
- Étalez la pâte et découpez des cercles pour former les fonds de tartelette.
- Disposez-les dans des moules à tartelette et piquez le fond à l'aide d'une fourchette.
- Émiettez le roquefort sur le fond de chaque tartelette, puis saupoudrez de cerneaux de noix.
- Dans un bol, mélangez la crème fraîche, le sel et le poivre.
- Versez ce mélange sur les tartelettes.
- Enfournez 20 min environ, ou jusqu'à ce que la pâte soit dorée.
- Laissez refroidir légèrement avant de démouler.

L'info magique

- Les noix sont un symbole fort de l'automne, comme tous les fruits à coque, car ils représentent la générosité de la nature qui nous nourrit avant de se mettre au repos.
- Les graines de pavot sont également très liées à la saison, car même si le coquelicot fleurit au printemps, cette fleur est le symbole de Perséphone, donc un rappel de sa descente aux Enfers à la fin de l'été.

Salade violette d'automne au chou rouge et à la grenade

Chaudrons : 2/5
Sabliers : 1/5
Bourses : 1/5

Ingrédients
(pour 4 personnes)

½ chou rouge, finement émincé
1 grenade, graines extraites
1 pomme, coupée en fines tranches
1 poignée de noix, légèrement grillées
3 cuil. à soupe d'huile d'olive
2 cuil. à soupe de vinaigre balsamique
1 cuil. à café de miel
Sel, poivre

Préparation

- Dans un grand saladier, mélangez le chou rouge émincé, les graines de grenade, les tranches de pomme et les noix.
- Préparez la vinaigrette en mélangeant l'huile d'olive, le vinaigre balsamique, le miel, le sel et le poivre dans un petit bol.
- Versez la vinaigrette sur la salade et mélangez délicatement pour bien enrober tous les ingrédients.
- Laissez reposer la salade au réfrigérateur 15 min environ avant de servir pour laisser les saveurs se diffuser.

L'info magique

- Cette recette va vous apporter une protection grâce au chou, aux noix et au miel, mais aussi faire le lien avec la saison et la célébration de Mabon avec la présence de la grenade, un autre symbole lié à la descente aux Enfers de Perséphone, ainsi que celle de la pomme, fruit d'automne par excellence.

Choux de Bruxelles rôtis
au sirop d'érable et noix de pécan

Chaudrons : 1/5
Sabliers : 2/5
Bourses : 1/5

Ingrédients
(pour 4 personnes)

500 g de choux de Bruxelles, lavés et coupés en deux
Env. 60 g de noix de pécan, concassées
2 cuil. à soupe d'huile d'olive
2 cuil. à soupe de sirop d'érable
Sel, poivre

Préparation

- Préchauffez le four à 200 °C (th. 6-7).
- Dans un grand bol, mélangez les choux de Bruxelles avec l'huile d'olive, le sirop d'érable, les noix de pécan concassées, le sel et le poivre.
- Assurez-vous que les choux sont bien enrobés du mélange.
- Disposez les choux de Bruxelles sur une plaque de cuisson tapissée de papier sulfurisé, en veillant à ce qu'ils soient répartis uniformément.
- Faites rôtir au four 20 à 25 min, en remuant à mi-cuisson, jusqu'à ce que les choux soient dorés et croustillants.
- Retirez du four, ajustez l'assaisonnement si nécessaire, et servez immédiatement.

L'info magique

- Les choux de Bruxelles et le sirop d'érable sont des ingrédients avec de fortes propriétés de protection. Cette recette sera donc parfaite pour un rituel dans cette intention. Renouveler les protections de son foyer à l'entrée de l'automne, c'est se préparer à la saison froide.
- En dehors de cela, en dépit des clichés dont est victime le chou de Bruxelles, cette recette les rend croustillants à l'extérieur et fondants à l'intérieur, et en fait un repas excellent. Pour tout vous dire, c'est même le plat préféré de ma fille de 7 ans !

Curry de lentilles corail au chou-fleur

Chaudrons : 2/5
Sabliers : 3/5
Bourses : 2/5

Ingrédients
(pour 4 personnes)

200 g de lentilles corail, rincées
1 petit chou-fleur, coupé en petits bouquets
1 boîte (400 ml) de lait de coco
1 boîte (400 g) de tomates concassées
1 oignon, haché
2 gousses d'ail, émincées
1 morceau de gingembre frais (environ 1 pouce), râpé
2 cuil. à soupe d'huile végétale
1 cuil. à café de curry en poudre
1 cuil. à café de curcuma en poudre
1 cuil. à café de cumin en poudre
1 cuil. à café de coriandre en poudre
Sel, poivre

Préparation

- Dans une grande poêle ou une casserole, chauffez l'huile à feu moyen.
- Ajoutez l'oignon et faites-le revenir jusqu'à ce qu'il soit tendre.
- Ajoutez l'ail et le gingembre râpé, et faites-les revenir 1 min jusqu'à ce qu'ils dégagent leur parfum.
- Incorporez le curry, le curcuma, le cumin, et la coriandre. Mélangez bien.
- Ajoutez les lentilles corail, le chou-fleur, le lait de coco et les tomates concassées. Salez, poivrez.
- Portez le mélange à ébullition, puis réduisez le feu et laissez mijoter 20 à 25 min, ou jusqu'à ce que les lentilles et le chou-fleur soient tendres.
- Rectifiez l'assaisonnement si nécessaire et servez le curry de lentilles corail au chou-fleur sur du riz

L'info magique

- Les recettes de curry, peu importe les ingrédients utilisés, sont, en cuisine magique, une bonne manière de créer une intention de toute pièce à partir du choix d'épices et des ingrédients qui vont le composer. Par exemple, ici, les lentilles appellent la prospérité, et le gingembre le désir et l'amour. Le chou-fleur, avec sa couleur blanche, est un ingrédient intéressant car il fait le lien entre la Lune et la croissance des plantes.
- En bref, voici un plat rempli d'épices douces qui apportera le succès à tous les niveaux aux personnes qui le consommeront !

Lasagnes à la crème de potiron

Chaudrons : 3/5
Sabliers : 3/5
Bourses : 2/5

Ingrédients
(pour 6 personnes)

9 feuilles de lasagne
500 g de purée de potiron cuite
250 g de ricotta
200 g de mozzarella
250 ml de crème liquide
1 cuil. à soupe d'huile d'olive
Sel et poivre

Préparation

- Préchauffez le four à 180 °C (th. 6).
- Dans un bol, mélangez la purée de potiron, la ricotta, le sel et le poivre pour réaliser la crème de potiron.
- Dans un plat à gratin, versez un filet d'huile d'olive.
- Placez une première couche de feuilles de lasagne.
- Étalez une partie de la crème de potiron dessus, puis versez un peu de crème liquide et déposez quelques morceaux de mozzarella.
- Ajoutez des couches de la même façon jusqu'à épuisement des ingrédients, en veillant à terminer par une couche de crème et de mozzarella.
- Arrosez d'huile d'olive et faites cuire au four préchauffé 25 à 30 min, jusqu'à ce que le dessus soit doré et les côtés bouillonnants.
- Laissez reposer quelques minutes avant de couper et de servir.

L'info magique

- Les lasagnes sont un plat que j'aime préparer lorsqu'il s'agit de cuisine magique. Les multiples couches peuvent symboliser les différentes intentions mises dans ce plat.
- Dans le cadre de cette recette, l'utilisation du potiron va apporter fertilité et prospérité, la ricotta et la mozzarella vont offrir douceur et gratitude, que ce soit envers les dieux, la terre ou les ami·e·s qui prendront place à votre table pour cette célébration.

Cookies d'automne au sirop d'érable

Chaudrons : 2/5
Sabliers : 2/5
Bourses : 2/5

Ingrédients

(pour une vingtaine de cookies)

375 g de farine
225 g de beurre ramolli
200 g de pépites de chocolat
200 g de sucre brun
1 œuf
100 ml de sirop d'érable
1 cuil. à café d'extrait de vanille
½ cuil. à café de levure chimique
½ cuil. à café de sel

Préparation

- Préchauffez le four à 180 °C (th. 6) et tapissez une plaque de papier sulfurisé.
- Dans un grand bol, battez le beurre ramolli avec le sucre brun jusqu'à ce que le mélange soit crémeux.
- Ajoutez le sirop d'érable, l'œuf et l'extrait de vanille, puis mélangez bien.
- Dans un autre bol, mélangez la farine, la levure chimique, et le sel.
- Incorporez progressivement les ingrédients secs au mélange humide, en veillant à bien intégrer les deux.
- Ajoutez les pépites de chocolat, puis mélangez délicatement.
- À l'aide d'une cuillère à cookies, de vos mains, ou de 2 cuillers à soupe, déposez des portions de pâte sur la plaque à pâtisserie, en les espaçant bien.
- Faites cuire au four préchauffé 10 à 12 min, jusqu'à ce que les bords des cookies soient dorés.
- Laissez-les refroidir sur la plaque quelques minutes avant de les transférer sur une grille.

L'info magique

- Le sirop d'érable et le chocolat sont de forts stimulants pour l'amour. Préparer ces cookies au début de l'automne, c'est faire entrer l'amour dans son foyer avant la saison froide. Un moyen, avec le *self-love*, d'éviter la déprime hivernale, mais aussi de partager de beaux moments de tendresse avec la personne à qui on a offert son cœur.

Mini-couronnes d'automne aux pommes

Chaudrons : 1/5
Sabliers : 2/5
Bourses : 1/5

Ingrédients

(pour 4 personnes)

1 rouleau de pâte feuilletée
2 pommes
1 jaune d'œuf pour la dorure
Sucre en grains

Préparation

- Préchauffez le four à 180 °C (th. 6).
- Découpez la pâte feuilletée en bandes fines (d'environ 1 cm).
- Pelez les pommes et enlevez leur trognon à l'aide d'un vide-pomme.
- Coupez les pommes en tranches, puis enroulez autour de chaque tranche des bandelettes de pâte feuilletée jusqu'à la recouvrir complètement.
- Renouvelez l'opération jusqu'à épuisement de la pâte feuilletée.
- Badigeonner vos couronnes de pomme de jaune d'œuf et saupoudrez-les de grains de sucre.
- Déposez-les sur une plaque recouverte de papier sulfurisé, et faites cuire au four une quinzaine de minutes ou jusqu'à ce que la pâte soit bien dorée et croustillante.

L'info magique

- La pomme est l'ingrédient phare du sabbat de Mabon. En hommage à Avalon, symbole des récoltes de cette deuxième fête des moissons, la pomme va, en magie, apporter amour et paix. Cette recette, sous forme de couronne, est un rappel des décorations automnales qu'on accroche à l'entrée de son foyer. Ces couronnes ont des vertus apaisantes.

Sirop de citrouille aux épices

Chaudrons : 2/5
Sabliers : 3/5
Bourses : 2/5

Ingrédients
(pour une petite bouteille de sirop)

2 tasses de purée de citrouille (cuite et bien égouttée)
1 tasse de sucre
1 tasse d'eau
1 cuil. à café de gingembre moulu
½ cuil. à café de noix de muscade râpée
Quelques graines de cardamome
1 cuil. à café d'extrait de vanille

Préparation

- Faites cuire la citrouille au four ou à la vapeur jusqu'à ce qu'elle soit tendre. Réduisez-la en purée à l'aide d'un mixeur ou d'une fourchette. Laissez bien égoutter pour éliminer l'excès d'eau.
- Dans une casserole, combinez la purée de citrouille, le sucre et l'eau. Portez à ébullition à feu moyen, en remuant pour dissoudre le sucre.
- Ajoutez le gingembre, les graines de cardamome et la noix de muscade. Réduisez le feu à doux et laissez mijoter 15 à 20 min, en remuant de temps en temps.
- Laissez réduire légèrement jusqu'à ce que mélange atteigne une consistance sirupeuse. Cela prendra 20 à 30 min.
- Ajoutez l'extrait de vanille et mélangez bien. Laissez mijoter encore quelques minutes, puis retirez les graines de cardamome

L'info magique

- À l'approche de l'automne, on voit fleurir les fameux *pumpkin pie spices*. Si comme moi vous n'aimez pas la cannelle, vous pouvez tout de même vous imprégner de l'énergie de la saison automnale grâce à ce sirop. Utilisez d'ailleurs d'autres épices si vous le souhaitez. Ce sirop accompagne mon thé chaque automne. Conservez-le un bon mois dans un bocal au frigo.

Vos recettes

Thé

et cuisine magique

Un peu d'histoire

Assam, Oolong, thé vert, thé blanc, matcha…

Un proverbe chinois dit qu'il y a autant de thés que de buveurs de thé. Il existe des centaines de sortes de thés, des milliers de mélanges, des dizaines de façons de le préparer ou de le faire infuser. Pourtant, saviez-vous que tous les thés proviennent de la même plante ? Le théier ! Les différentes appellations font référence soit à la provenance de la plante, soit à son stade d'oxydation (eh oui, comme les poivrons !).

L'histoire du thé est vieille de milliers d'années. On en trouve mention dans la littérature chinoise à partir de 2137 avant notre ère. Malgré cela, il faut attendre 1606 pour que la toute première caisse de thé arrive dans un port européen, à Amsterdam. Jusque-là, seuls la Chine et le Japon produisaient et consommaient ce breuvage magique.

Attention, on parle ici de feuilles de thé ! Le concept de l'infusion de plantes existe dans de nombreuses cultures à travers le monde, et ce, depuis que l'on sait faire bouillir de l'eau.

Mais l'histoire du thé est riche, et ses variétés peuvent être aussi magiques que bien d'autres plantes.

Le thé est resté l'apanage de la culture chinoise des milliers d'années durant. Avant d'arriver dans nos contrées, c'était déjà une boisson dédiée au calme et à la méditation. Les moines bouddhistes le consommaient pour rester concentrés pendant leurs séances de méditation. La première « route du thé » est restée cantonnée à l'Asie : les Chinois y transportaient des « galettes » de feuilles de thé compressées qu'ils troquaient en Mongolie et au Tibet.

On parle de plusieurs « écoles » pour le thé. La première est celle de ces galettes de thé, compressées et rôties, qu'ils réduisaient en miettes avant de les faire bouillir. Cette première école date de la dynastie Tang, entre le VIIe et Xe siècle, période qui voit apparaître *Le Classique du thé* de l'érudit Lu Yu en 760. C'est le tout premier ouvrage consacré intégralement à l'art du thé. C'est également de cette période que l'on date les premières traces de consommation de thé au Japon.

Entre le Xe et le XIIIe siècle apparaît la deuxième école du thé, le thé battu : les feuilles sont pulvérisées à l'aide d'une meule, puis cette fine poudre est battue dans de l'eau frémissante avec un fouet en bambou jusqu'à l'obtention d'un mélange mousseux. Cette technique est encore celle du matcha aujourd'hui.

Enfin, à partir de la fin du XIVe siècle, arrive la troisième école du thé : le thé infusé. La dynastie Ming interdit même de compresser les feuilles de thé qui lui sont destinées. C'est le début du thé en vrac.

À partir de là, les choses s'accélèrent. Le début du XVIIe siècle voit la création, en Grande-Bretagne, de la Compagnie des Indes orientales sous le règne d'Élisabeth Ire. On voit alors arriver les premières cargaisons de thé en Europe, les premières publicités vantant cette nouvelle boisson venue de Chine, l'adoption du thé par toutes les cultures et classes sociales européennes, du Portugal à l'Allemagne en passant bien évidemment par la France, qui publiera le premier ouvrage européen entièrement consacré au thé, au café et au chocolat en 1671, sous la plume de Philippe Sylvestre Dufour.

Au fil des décennies suivantes, ce nouveau commerce provoque également de nouvelles taxes, l'exportation des théiers en Inde, la guerre de l'opium en Chine, le rationnement, la contrebande, mais aussi l'essor de la fabrication de porcelaine, l'invention du sachet de thé, et, bien sûr, de mon invention préférée, le *tea time*, ce petit rituel regroupant *scones*, pâtisseries et petits sandwichs autour d'une théière des meilleurs thés, à partager en bonne compagnie.

Le thé est, depuis 1960, devenu la boisson la plus consommée au monde après l'eau.

La tasséomancie, ou divination dans les feuilles de thé

S'il y a bien, dans l'imaginaire collectif, une pratique qui caractérise les sorcières et leurs outils divinatoires, en dehors des tarots et de la boule de cristal, c'est la capacité à lire l'avenir dans les feuilles de thé.

Dans combien de films ou de séries avez-vous vu une vieille dame, enrobée dans un châle en laine, retourner sa tasse et plonger son regard au fond ? C'est un art bien mystérieux que la tasséomancie, mais il montre l'importance que le thé et les plantes ont dans la vie de la sorcière.

Même si le thé comme on le connaît aujourd'hui, mélangé, aromatisé, dans un joli petit sachet, est arrivé dans nos théières il n'y a que quelques siècles, faire infuser des plantes dans de l'eau chaude est une pratique qui existe depuis la nuit des temps, tant pour le plaisir gustatif que pour les vertus médicinales des plantes.

L'homme a cherché à discerner dans les restes de ce qu'il consomme des pistes pour prédire son avenir. La majorité des méthodes employées étaient beaucoup moins délicates que la lecture dans les feuilles de thé... Je pense notamment à l'haruspicine ou à la kephalonomancie, que je ne décrirai pas ici, mais je laisse aux curieux·ses au cœur bien accroché le soin de faire leurs propres recherches !

La tasséomancie est ainsi l'art de déchiffrer et d'interpréter des symboles formés grâce aux feuilles de thé dans une tasse après s'être délecté de ce doux breuvage réconfortant.

Le fait de lire des augures dans les feuilles de thé demande de faire confiance à son intuition, car l'idée est d'analyser les différents symboles que vous repérerez au fond de votre tasse, et de les associer pour former un message.

Ses origines historiques divergent. Elle pourrait s'inspirer d'une pratique de la Rome antique, l'œnomancie, soit l'art de lire dans les dépôts de vin, mais aussi peut-être de la cérémonie du thé de la dynastie chinoise des Tang, au VIIe.

Plus probablement, la tasséomancie serait plus récente, et aurait été inventée en Grande-Bretagne à l'époque victorienne. C'est d'ailleurs une période où les séances de spiritisme et les expériences psychiques ont le vent en poupe. La tasséomancie devient alors le passe-temps des dames à l'heure du thé, partagé par toutes les classes sociales à cette époque.

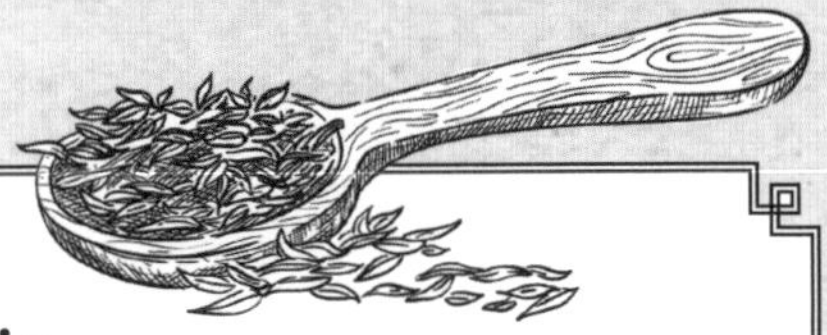

La tasséomancie

La tasséomancie est une méthode divinatoire assez ritualisée, elle suit donc un process très précis.

- Préparez-vous une bonne tasse de thé ! Pas de sachet ici, mais une jolie cuillerée de thé en vrac de votre choix. Mon choix se porte personnellement sur le thé noir, mais une simple tisane de plantes en feuilles fera tout aussi bien l'affaire.
- Versez l'eau chaude et les feuilles de thé dans la tasse, et laissez infuser. Si vous cherchez une réponse à une question précise, concentrez-vous sur cette question pendant que le thé infuse. Sinon, profitez de cet instant de détente pour vous concentrer et ouvrir vos perceptions. Choisissez un thé ou des plantes dont l'odeur évoque quelque chose pour vous, pour vous permettre de vous imprégner de ces sensations qui se diffuseront au fur et à mesure que le thé infusera.
- Une fois le thé infusé et suffisamment refroidi pour que vous puissiez le boire, essayez de rester concentré·e sur votre intention. Laissez une gorgée de thé au fond de la tasse, afin de ne pas boire les morceaux de feuille restés dedans.
- Ici, les rituels divergent. Vous devez dans tous les cas faire « tourbillonner » le contenu de la tasse, puis, pour certaines personnes, faire tourner la tasse trois fois de gauche à droite en tenant la tasse de la main gauche.
- Ensuite, renversez la tasse dans sa soucoupe, afin que l'eau restante s'y déverse. Certaines feuilles vont tomber de la tasse, mais d'autres vont rester collées au fond et sur les parois. Ce sont ces feuilles-ci qui vont vous permettre de lire des messages.

Même si la tasséomacie est moins « codifiée » que d'autres pratiques divinatoires, elle demande une forte intuition, ainsi que le besoin d'interpréter les formes que vous interprétez comme des symboles. Cette pratique demande aussi de se fier à ses ressentis, que ce soit pour la forme que vous discernez dans la tasse ou pour ce que cette forme représente pour vous. Il existe cependant des « guides » qui vous aideront pour commencer, avec des listes d'interprétation. Mais avec un peu d'imagination, vous devriez deviner vous-même certaines symboliques (la clé, opportunité ; le cœur, l'amour ; le fer à cheval ou le trèfle, la chance ; l'étoile, le succès...).

Alors faites infuser votre meilleur thé, posez-vous les bonnes questions, et laissez travailler votre intuition !

Intentions, recettes et occasions

En dehors de la tasséomancie, les infusions de plantes ont toujours été l'apanage des guérisseuses et des sorcières des campagnes : un peu de thym pour la gorge, de coquelicot pour la toux, de mélisse pour le sommeil ou de framboisier pour les douleurs menstruelles…

Pour moi, chaque thé, chaque plante, chaque mélange peut s'adapter à un besoin, à une intention ou à une occasion particulière.
J'ai développé une passion pour le thé, qui est ma boisson préférée entre toutes (au point que la représentation botanique du thé Earl Grey orne mon mollet grâce à l'art du tatouage…). Buvant très peu d'alcool, le thé est également devenu ma boisson rituelle lors de ma pratique magique. C'est pour cela que j'ai appris à connaître les mélanges et à associer des ingrédients entre eux en fonction d'une intention, que ce soit lors d'un rituel ou d'un simple *tea time* dans lequel je veux faire entrer un peu de magie.

Ici, je vais vous parler de thés facilement accessibles, mais aussi vous proposer quelques recettes pour les personnes qui veulent s'aventurer dans la création de leur propre mélange. Attention cependant, si vous souhaitez faire vos propres mélanges, afin de vous assurer d'avoir des plantes de bonne qualité que vous pouvez consommer sans crainte, privilégiez les plantes de votre jardin, celles que vous récoltez et faites sécher vous-même, ou alors adressez-vous à une herboristerie.

Les plantes des boutiques d'herboristes sont souvent bio, locales, ou issues de récoltes sauvages et raisonnées ; surtout, elles sont faites pour être consommées infusées. Vous savez donc qu'elles n'auront subi aucun traitement chimique.
Les recettes que je vous propose ne sont pas faites pour une tasse, mais pour un petit pot que vous pourrez conserver afin de vous en servir au besoin. Pensez cependant à bien étiqueter votre pot avec le nom de votre mélange et la liste des ingrédients. Même si vous notez vos recettes dans votre grimoire, il est quand même plus facile de voir d'un simple coup d'œil dans le placard ce qu'on veut boire le moment venu !

When you ask what the right amount of tea is, it's always "one teaspoon for each person and one for the pot."

(Quand vous demandez quelle est la bonne quantité de thé, la bonne réponse est toujours « une cuillerée pour chacun·e et une pour la théière ».)

Thé de prospérité

À boire lorsque vous avez besoin d'appeler la magie financière.

- Mélangez 2 cuil. de thé noir (pour la force), avec un petit morceau de gingembre séché (pour la chance), un clou de girofle réduit en poudre (pour la protection), et 1 ½ cuil. de basilic séché (symbole d'argent et de prospérité).
- Ce mélange a une saveur assez poivrée et corsée, que vous pouvez adoucir avec un peu de miel ou de sirop d'agave.
- Laissez infuser 1 cuil. de ce mélange dans une tasse d'eau à 90 °C 3 min.

Thé de célébration

Le darjeeling est reconnu comme le champagne des thés. Il est donc l'allié de mes « moments de fête », pour célébrer un événement particulier ou une bonne nouvelle.

- Mélangez dans un pot du darjeeling et des morceaux de fraise séchée, avec un ratio de 70/30. Je ne peux pas vous donner une quantité précise, j'aime tellement ce thé qu'un bocal ne dure pas longtemps… Parce qu'on a toujours de petits moments à célébrer dans la vie !

Attention

Vous pouvez aussi trouver chez un certain nombre de grandes marques de thé ce mélange déjà prêt. Je vous conseille cependant la consommation de thé en vrac plutôt qu'en sachet, car le thé diffuse alors mieux ses arômes.

Tisane troisième oeil

Cette tisane, dédiée à l'ouverture des perceptions, lors d'un tirage de cartes par exemple, peut vous mettre dans un état légèrement somnolent. Consommez-la donc dans le confort de votre foyer, en étant sûr·e de ne pas avoir à conduire dans l'heure qui suivra sa consommation.

Buvez-la une petite demi-heure avant de vous lancer dans la mantie de votre choix, et laissez-la amplifier vos ressentis.

- Mélangez bien dans votre pot 20 g d'armoise, 20 g de passiflore, 40 g de reine-des-prés et 35 g d'écorce d'orange séchée.
- Laissez infuser 1 cuil. à café de ce mélange dans une eau à 80 °C 7 min.

Thé de purification

Une recette pour accompagner une démarche de purification ! À boire, par exemple, dans un bain purifiant, ou après un gros rituel, pour nettoyer les énergies de ce dernier.

1 cuil. à soupe de thé Oolong (pour la purification)
1 cuil. à soupe de feuilles de verveine (pour la protection)
1/2 cuil. à soupe de pétales de rose séchés (pour l'amour, les énergie positives)

- Mélangez les ingrédients et faites-en infuser 1 cuil. à café 5 à 7 min dans une eau à 90 °C.

Thé rituel

Ce mélange sera votre boisson rituelle, que vous pourrez offrir également en libation si vous le souhaitez, mais surtout qui sera votre soutien dans votre pratique. Personnellement, comme je chemine sur la voie irlandaise, j'ai choisi un thé créé par une boutique artisanale en Bretagne qui a su créer le mélange le plus parfait qu'il soit pour accompagner ma magie rituelle. Il s'agit d'un thé Earl Grey, dans lequel sont ajoutés de la bruyère (la plante que je dédie au divin) et du chardon (une plante importante dans la culture irlandaise et écossaise).

Si vous choisissez le thé comme boisson pour accompagner vos rituels de magie, prenez un mélange qui vous parle au plus profond, qui vous accompagnera par la symbolique personnelle que vous lui prêtez. Rien ne vous empêche de prendre un mélange du commerce, si vous vous assurez de sa qualité et du respect avec lequel ce thé a été confectionné. Je n'ai rien contre un Earl Grey issu d'un sachet jaune de temps en temps, mais pour ma pratique magique, je fais en sorte de choisir des outils, des huiles, des plantes dont je suis sûre de la qualité et du soin avec lequel ils sont fabriqués.

Attention, je ne consacre pas ce thé uniquement à ma pratique magique. J'aime tellement ce mélange que je le bois quasiment au quotidien. C'est simplement que les ingrédients sont ceux que j'aime le plus lier à ma magie et que j'aime le côté réconfortant qu'il m'apporte lorsque j'ouvre un rituel.

Thé de l'amitié

Un vieux proverbe anglais dit qu'une tasse de thé au jasmin partagé crée des liens d'amitié indéfectibles.

Si vous souhaitez vous assurer d'une bonne entente avec une personne que vous avez rencontrée il y a peu, ou si vous souhaitez entretenir une relation amicale que vous avez depuis longtemps et à laquelle vous tenez, n'hésitez pas à servir un thé au jasmin à votre invité.e. C'est encore mieux si vous pouvez servir deux tasses à partir de la même théière, pour que le thé soit infusé à partir de la même plante.

Phases de la Lune, planètes et sabbats

Les **cycles de la lune** ont chacun une intention qui leur est dédiée. On peut tout à fait apprendre à travailler ses intentions en fonction des cycles lunaires en pratiquant la cuisine magique.

- La nouvelle lune représente les nouvelles intentions, le commencement.
  Les ingrédients liés à ces intentions peuvent être symboliques du renouveau, comme des graines germées et toutes les légumineuses (lentilles, pois chiches...) qui ont un lien fort à la terre, à l'ancrage nécessaire à tout nouveau projet.

✦

- Lors du premier quartier, la Lune apparaît à moitié éclairée. Elle représente la concentration, le focus, la protection.
  Lors de tout travail magique autour de la concentration, n'hésitez pas à consommer des fruits secs, types noix, noisettes, amandes, etc.
  Vous pouvez aussi axer votre repas autour de la protection ; dans ce cas-là, ajoutez une bonne dose d'ail dans votre plat !

✦

- La pleine lune est le moment où l'on voit le mieux la Lune dans le ciel. C'est souvent une période vue comme très propice aux rituels. Elle représente le pouvoir, la manifestation, voire la guérison. Consommez des produits laitiers à cette période, en lien avec la blancheur de la pleine lune. Vous pouvez aussi consommer des herbes aromatiques liées au pouvoir, à la magie, comme de la sauge, ou du basilic pour la guérison.

✦

- Lors du dernier quartier, la Lune est à nouveau à moitié éclairée, mais dans sa phase décroissante. C'est une période propice à la réflexion, aux prises de décision, aux conclusions. Utilisez du sel dans vos préparations. Des sels aromatisés aux épices ou aux herbes pour renforcer une intention... Mais le sel lui-même, comme pour fermer un cercle, vous permettra de conclure ce cycle. J'ai tendance à consommer des champignons lors de cette phase, que j'associe beaucoup à la réflexion, aux choix.

Les aliments peuvent être associés à certaines **planètes**, pour leurs vertus comme pour leur période de culture. Voici quelques correspondances pour lier les planètes :

Jupiter ♃	Brocoli, cacahuète, figue, laurier
Lune ☽	Chou-fleur, citron, citrouille, pomme de terre, raisin, salade
Mars ♂	Basilic, carotte, ciboulette, estragon, oignon, pastèque, piment
Mercure ☿	Ciboulette, fenouil, menthe poivrée, mûre
Neptune ♆	Algue, aliments glacés (glaçon, granité, sorbet), poisson, sel
Saturne ♄	Betterave, fromage
Soleil ☉	Citron vert, maïs ; orange, romarin
Terre	Blé, pomme de terre
Uranus ♅	Graine (courge, lin...), raisin, trèfle rouge
Vénus ♀	Banane, concombre, fraise, pois, pomme, thym, tomate

Nous l'avons vu tout au long de ce livre, les sabbats étant célébrés à des périodes précises de l'année, il est logique d'y associer des ingrédients de saison. Cependant, l'énergie elle-même du sabbat, ce qu'elle représente comme intention dans le cycle de l'année, va se lier un peu plus précisément avec certains aliments. Voilà pour moi une petite liste d'ingrédients ayant une synergie vraiment forte et symbolique pour chaque célébration de la roue de l'année.

Samhain	Betterave, ciboulette, citrouille, grenade, navet, noix, romarin
Yule	Agrumes, banane, cardamome, cannelle, clou de girofle, courge, légumes-racines (carotte, navet, panais, pomme de terre), courge
Imbolc	Lait, fromage, curry, fromage, lait, pomme de terre, poireau
Ostara	Betterave, graines germées, œuf, oignon nouveau
Beltane	Artichaut, patate douce, piment, poivre
Litha	Cerise, fraise, herbes aromatiques (basilic, ciboulette, menthe...), miel, rhubarbe, tomate
Lugnasad	Maïs, miel, mûre, orange, pêche, pomme de terre
Mabon	Champignon, citrouille, haricot, noisette, pomme, raisin

Les astres
dans la cuisine magique

Qui de mieux qu'un astrologue épicurien pour parler du lien entre les astres et la nourriture ? Mon ami Azur m'a fait l'honneur d'accepter de partager avec nous quelques bases pour vous guider dans l'utilisation des aliments en fonction des différents alignements dans le ciel pour y puiser une intention et activer une autre forme de cuisine magique.
Vous pouvez vous référer à son site : azurastrologue.fr

Connecter avec les astres est un très vaste sujet sur lequel je suis ravi d'écrire ! J'ai essayé de fournir deux pistes principales qui peuvent s'inscrire dans des pratiques de cuisine magique : les jours, nuits et heures planétaires, et les correspondances, avec quelques exemples.

- Une des manières de connecter avec les astres est de les honorer selon les principes **des jours, nuits et heures planétaires**. En effet, les sept astres visibles à l'œil nu, la Lune, Mercure, Vénus, le Soleil, Mars, Jupiter et Saturne, se partagent les jours et nuits de la semaine. **Un jour planétaire est défini du lever au coucher du Soleil : une fois que le Soleil se couche, une autre planète prend le relais.** Ainsi, si le lundi dès l'aube est donné à la Lune, le lundi soir après le coucher du Soleil appartient à Vénus.

Voici un tableau récapitulatif des jours et nuits planétaires.

	lundi	mardi	mercredi	jeudi	vendredi	samedi	dimanche
jour	Lune	Mars	Mercure	Jupiter	Vénus	Saturne	Soleil
nuit	Vénus	Saturne	Soleil	Lune	Mars	Mercure	Jupiter

Les heures planétaires se calculent en fonction des jours planétaires : la première heure d'un jour appartient à la planète dont c'est le jour. Cependant, les « heures » planétaires ne sont pas des tranches de 60 minutes : **pour les déterminer, on divise la journée (du Soleil au coucher du Soleil) en douze portions,** chacune étant une heure planétaire. La longueur des heures planétaires dépend donc de la période de l'année, de l'heure du lever et du coucher du Soleil ; ce n'est pas un horaire fixe, mais un rythme changeant qui a une certaine stabilité mais s'adapte aux cycles du jour et de la nuit. Ainsi, en hiver, sous ma latitude dans l'hémisphère nord, les nuits sont plus longues, les heures planétaires nocturnes le sont donc. **Il existe de nombreux sites Web et applications qui permettent de se référer aux heures planétaires sans avoir à les calculer soi-même**, heureusement ! Observer les jours, nuits et heures planétaires pour ses rituels permet de mieux s'ancrer dans le rythme des saisons, et d'avoir une communication plus fluide avec les astres. Ce sont aussi des notions importantes dans les traditions astrologiques talismaniques médiévales.

- Il est possible de travailler avec les jours, nuits et heures planétaires dans le cadre de la cuisine magique de manière très variée. Par exemple, il peut être intéressant de préparer un plat avec des ingrédients qui vous évoquent le Soleil le dimanche, comme les agrumes, le romarin… **Il existe beaucoup de correspondances entre les aliments et les astres**, certaines traditionnelles et d'autres qui peuvent être plus personnelles, élaborées au fil d'une pratique propre. Je vous encourage à explorer ces correspondances et à chercher à en comprendre la logique sous-jacente, qui vous permettra de mieux saisir le rôle des planètes. Si vous souhaitez vous rapprocher particulièrement d'une planète, vous intéresser aux aliments qui lui sont attribués est une chouette manière de procéder ! Cela peut s'insérer dans le quotidien sans forcément que ce soit très ritualisé, et il est bien sûr possible de penser vos offrandes en fonction de ces correspondances, si vous vénérez les astres ou une divinité qui leur est liée.

Par exemple, le piment est traditionnellement placé sous l'égide de Mars, la planète rouge de la séparation et de l'inflammation, dont le rôle est notamment de trancher, piquer, défendre ou attaquer. Le gingembre est aussi sous l'égide de Mars, pour la même raison : à dose raisonnable, il parfume et relève, il stimule les capacités de défense du corps et fait circuler le mucus. Une manière simple de connecter avec Mars peut être de cuisiner un plat au gingembre le mardi ou le vendredi soir. Vu les qualités particulières de Mars, cela peut être approprié lorsque l'on cherche à s'affirmer davantage, à faire preuve de courage, à oser trancher quand c'est nécessaire, à stimuler le mouvement dans sa vie, à mieux gérer les conflits, entre autres.

Pour apaiser des soucis relationnels de toute sorte, promouvoir la diplomatie et la créativité, solliciter Vénus peut être avisé. Planète de l'harmonie, du désir, de l'embellissement et des arts, son rôle est de concilier, d'unir, d'apporter équité et équilibre. Lors des fêtes d'anniversaire par exemple, on se réunit souvent autour d'un gâteau. Les nourritures sucrées, qui adoucissent et qui sont considérées comme des plaisirs, reviennent à Vénus. Les fruits frais et les fleurs sont aussi considérés comme vénusiens, ainsi que le miel. Pour connecter avec Vénus, il peut être intéressant de préparer des desserts, mais aussi de mettre l'accent sur la présentation, en décorant les plats, en faisant du repas une expérience visuelle, pas simplement gustative. Si vous avez du mal à trouver de la joie au quotidien, Vénus est un excellent soutien pour remédier à cela.

Quelle que soit la planète avec laquelle vous choisissez de connecter *via* la cuisine, il peut être intéressant de considérer son placement dans votre propre thème natal, c'est-à-dire là où transitait la planète dans le ciel au moment de votre naissance ; vous pouvez trouver des calculateurs en ligne gratuits pour cela, ou consulter un·e astrologue. Quoi qu'il en soit, je vous encourage aussi vivement à écouter votre intuition, à laquelle l'étude astrologique n'est pas censée se substituer, même dans une démarche de connexion rituelle aux astres !

Correspondances
intentions-ingrédients

Amitié

citron
fenouil
framboise
thym

Amour

basilic
betterave
carotte
chocolat
figue
fraise
marjolaine
menthe poivrée
orange
piment
pois
pomme
tomate

Ancrage, lien à la terre

avoine
carotte
courge
courgette
fenouil
grenade
maïs
pomme de terre

Apaisement

avoine
concombre
chou-fleur
ciboulette
grenade

Chance

basilic
brocoli
fraise
maïs
menthe poivrée
orange

Créativité

citron vert
gingembre
laurier
orange
thym

Connaissance/savoir

noisette
épinard
œuf
raisin

Courage

ciboulette
estragon
poivre
thym

Communication

pois

Confiance en soi

estragon
grenade
mûre
poivre

Désir
oignon
pastèque
salade
tomate

Divination
avoine
carotte
figue
laurier
maïs
orange

Douceur
aneth
fleur d'oranger
crème

Énergie
asperge
carotte
citron

Engagement
citron
concombre

Fertilité
banane
blé (farine ou aliment)
carotte
champignon
châtaigne
citrouille
courgette
figue
maïs
raisin

Guérison
ciboulette
citrouille
pomme de terre
salade
sauge

Joie
betterave
pêche
thym

Offrandes
bière
fraise
maïs
menthe
romarin (offrande aux défunt·e·s)

Passion
betterave
carotte
piment

Protection
ail
brocoli
champignon
châtaigne
ciboulette
citron
citron vert
estragon
mûre
oignon
piment
tomate

Prospérité
basilic
brocoli
ciboulette
concombre
épinard
lentille
menthe poivrée
orange
pois
pomme
raisin
tomate

Pureté
concombre
lait

Purification
ail
ciboulette
citron
sauge
romarin

Renouveau
grenade
salade

Réconfort
chocolat

Réussite
basilic
fraise

Sexualité
asperge
banane
cacahuète
chocolat
estragon
piment

Vitalité
carotte
épinard
mûre
pêche

Bibliographie

A Highland Seer, *Reading tea leaves* [1881], Essentials, 2022
D. Blake, *Litha*, Danaé, 2017
G. Brochard, *La Boîte à thé*, Tana, 2000
L. Ceoltoir, *Grimoire de magie forestière*, Alliance magique, 2021
K. Connor, *Ostara*, Danaé, 2018
S. Cunningham, *La Cuisine wiccane*, Danaé, 2017
M. Daimler, *Brigid : à la rencontre de la déesse celtique*, Danaé, 2019
C. Darcey, *Green Witch Oracle*, Rockpool Publishing, 2021
F.-X. Delmas, M. Minet et C. Barbas, *Guide de dégustation de l'amateur de thé*, Chêne, 2007
G.-C. Duclaye, *Nouveau Calendrier païen*, Danaé, 2016
M. Furie, *Supermarket Magic*, Llewellyn, 2013
L. Gaylard, *Passion Thé*, Prisma, 2016
C. Greenleaf, The Book of Kitchen *Witchery*, Cico Books, 2016
L. Guthrie et J. Powell Colbert, *The Herbcrafter Tarot*, US Games Systems, 2019
S.M. Harlow, *A Tea Witch's Grimoire: Magical recipes for your teatime*, Weiser Books, 2023
F. Le Roux et C.-J. Guyonvarc'h, La Civilisation celtique, éd. Yoran Embanner, 1983
F. Le Roux et C.-J. Guyonvarc'h, *Les Fêtes celtiques*, éd. Yoran Embanner, 1995
M. Marquis, *Betlane*, Danaé, 2017C.F. Neal, *Imbolc*, Danaé, 2018
M. Marquis, *Lugnasad*, Danaé, 2017
C. Millet, *Mon automne cosy*, Caro From Woodland, 2021
C. Millet, *Mon hiver cosy*, Caro From Woodland, 2022
S. Okada, *Mon almanach païen*, Danaé, 2018
S. Pesznecker, *Yule*, Danaé, 2017
D. Rajchel, *Mabon*, Danaé, 2017
D. Rajchel, *Samhain*, Danaé, 2017
M. Daimler, *Lugh - Une introduction au dieu aux multiples talents*,Danaé, 2022
S. Robinson, *Kitchen Witch: Food, Folklore and Fairy Tales*, Womancraft Publishing, 2022

Voici les recommandations d'Azur si vous voulez aller plus loin dans la découverte de l'astrologie et ses liens avec la cuisine magique :

C. Brennan, *Hellenistic Astrology: The Study of Fate and Fortune*, Amor Fati Publications, 2017
A. Coppock *The Proper Care and Feeding of a Birth Chart*, HarperCollins, 2019
C. Gallagher, *Body Astrology*, Roost Books, 2022
C. Warnock, *Fixed Star, Sign and Constellation Magic*, Lulu.com, 2019
C. Warnock, *Secrets of Planetary Magic*, Renaissance Astrology, 2012
C. Warnock, *The Celestial Way*, Renaissance Astrology, 2022

Sites Internet

Merci aux fabuleuses personnes suivantes qui partagent du contenu *via* leurs réseaux sociaux ou leurs sites.

Azur Adastra, instagram.com/azuradastra, azurastrologue.fr/, patreon.com/azurastrologue
Klaire, The Witch Hut, instagram.com/thewitchhut
Nienna Alwee, nienna-alwee.fr/, https://www.patreon.com/Eunoia
Phro Nesis, patreon.com/user/posts?u=26140728
Saria, Les Sabbats, instagram.com/les_sabbats
Lyra Ceoltoir, The Herb Witch, .instagram.com/theherbwitch, patreon.com/lyraceoltoir
Les Portes du Sidh, instagram.com/les.portes.du.sidh, le-sidh.org/wicca

Enfin, comme j'ai cité leurs créations dans la partie autour de la magie du thé, merci aux potions de Merlin de créer des mélanges aussi magiques, et plus particulièrement le fameux Rêve d'Écosse : lespotionsdemerlin.company.site, instagram.com/lespotionsdemerlin

Remerciements

Ce livre est dédié aux merveilleuses femmes de ma vie, et plus globalement à ma famille pour qui cuisiner (et manger) a toujours été *le* lien. De ma grand-mère à mes sœurs, en passant par mes enfants qui aiment tant faire la cuisine avec maman et célébrer chaque sabbat en grande pompe.

À mes ami.e·s que je nourris depuis l'adolescence et qui ont toujours dit que je finirais par écrire un livre de cuisine.

Surtout, évidemment, à ma maman, qui m'a tout appris, m'a ouvert à de nombreux horizons gustatifs, a nettoyé derrière chacune de mes expériences culinaires jusqu'à ce que j'apprenne à le faire seule, et a encouragé tous mes projets, qu'ils s'agissent de musique, de cuisine, de sorcellerie ou de littérature.

Merci à ces quelques personnes fabuleuses qui jalonnent ma vie et soutiennent chacun de mes projets, en renouvelant à l'infini mes tasses de thé pendant que je travaille, en m'envoyant des messages d'encouragement toutes les heures, et tout simplement, en croyant en moi.

Un merci infini à mon ami Azur, talentueux et passionné astrologue et astrolâtre, qui a généreusement accepté de partager un bout de son savoir autour des astres pour nous permettre de lier les cieux avec notre estomac.

Merci à vous, lecteur·ice·s, qui partagerez un peu de ma table à chaque fois que vous ouvrirez ce livre.

Go raibh maith agat mo ghrian as ag taitneamh gach lá dom.

Quelques mots sur l'auteure

Alexandra est une touche à tout enthousiaste. Elle mêle sa passion pour la cuisine, son amour des plantes, sa sensibilité à l'invisible pour laisser s'exprimer la sorcière qui est en elle. Après avoir été diplômée de cuisine, elle a créé Chaudron et Compagnie en 2020, une boutique en ligne mêlant aromathérapie magique, cuisine rituelle pour les célébrations païennes, pierres, runes, sels et outils de protection. Elle propose également des consultations de cartomancie, et lorsqu'elle n'est pas en train de créer, d'écrire, de cuisiner, de lire, ou de s'occuper de ses trois enfants, elle adore recréer sa « cabane de sorcière » lors de marchés d'artisans ou de fêtes médiévales et fantastiques, car le partage et la bienveillance sont ses maîtres-mots, et le contact humain est pour elle une des plus belles façons de transmettre sa passion.

Passionnée d'histoire de la sorcellerie, pratiquante du paganisme irlandais, elle suit entre autres les cours de la Irish Pagan School et de l'école de minuit, car d'après elle, « on a pas assez de toute une vie pour apprendre ».

Crédits iconographiques

iStock : 4khz, AlasdairJames, AleksandraKuzmina, AlenaKaz, Alhontess, Alisa Aleksandrova, Alisa Pravotorova, Alla Koala, Aluna1, Andrea_Hill, Anna Logunova, Archive, Awispa, bazilfoto, Bitter, Channarongsds, Danil Sergeev, DenPotisev, DiViArt, Ectortatu, Elena Malgina, Epine_art, Galina Kamenskaya, Goderuna, hidesy, Iamnee, Ihor Potysiev, ilbusca, IMOGI, ioanmasay, Irina Vaneeva, ivan-96, Jklr, Kameshkova, Kridoarts, leonikonst, LiliGraphie, Littlepaw, Liudmila Chernetska, Logaryphmic, MarinaVorontsova, mart_m, melazerg, Miodrag Kitanovic, NPavelN, NSA Digital, nafanya241, NataPepper, Paperkites, pleshko74, Preto_perola, Rraya, Sabelskaya, Seamartini, Setory, SpicyTruffel, SurfUpVector, SweetyMommy, Tetiana Lazunova, Theasis, undefined undefined, Vanda Vasilevskaya, Vectortatu, Vextok, Victoria_Novak, Vladimir18, Volodymyr Kryshtal, Wwing, Yana Markovskaya, YULIYA SHAVYRA.

Adobe Stock : Marc Carrel

Édition : Pauline Ferlay
Préparation de copie : François Christophe
Relecture : Pauline Thilliez
Design graphique et mise en pages : Meriem Rezgui
Fabrication : Anne-Laure Soyez

Photographies : Frédéric Lucano
Stylisme : Sonia Lucano

Dépôt légal : octobre 2024
ISBN : 978-2-01-722937-7
47-7789-6

Achevé d'imprimer en Espagne en octobre 2024.

PAPIER À BASE DE FIBRES CERTIFIÉES

hachette s'engage pour l'environnement en réduisant l'empreinte carbone de ses livres. Celle de cet exemplaire est de :
1,8 kg éq. CO_2
Rendez-vous sur www.hachette-durable.fr